Chiarezza nella Vita Quotidiana:

Manuale e Guida

Il Team di Balanced View

Seconda Edizione 2011 – traduzione in Italiano 2015
Totolo Originale: Clarity in Everyday Life
Balanced View Media: Mill Valley, California USA 2011

Basato sull'opera presso il sito www.balancedview.com.
ISBN 978-0-9886659-5-8

Chiarezza nella Vita Quotidiana:
Manuale e Guida

INDICE DEI CONTENUTI

Irremovibile di Fronte ai Dati; La Soddisfazione Ultima; Spontaneità Etica; L'Intelligenza Aperta nel Sonno e nei Sogni

Sezione Due: I Doni Dell'Intelligenza Aperta

Sezione Tre: L'Intelligenza Aperta Espressa nelle Nostre Vite Quotidiane

Sezione Quattro: L'Intelligenza Aperta nelle Relazioni

Sezione Cinque: L'Intelligenza Aperta Pervasa
Dalla Pace

NOTA ALLA SECONDA EDIZIONE

Siamo stati molto incoraggiati dal feedback ricevuto dai lettori che hanno goduto e beneficiato dalla prima edizione di *Chiarezza nella Vita di Ogni Giorno: Manuale e Guida*, ed è con grande piacere che possiamo offrirvi un'edizione rivista e aggiornata del libro.

Come parte della continua ricerca da parte di Balanced View per trovare il linguaggio migliore possibile che possa parlare abilmente al maggior numero di partecipanti, nel 2011 è avvenuto un cambiamento di linguaggio che ha trovato grande risonanza. Dove precedentemente nei testi erano stati usati i termini "chiarezza" e "punti di vista", sono venuti spontaneamente in uso i termini "intelligenza aperta" e "dati", e questi sono stati ricevuti con grande entusiasmo, in quanto questi nuovi termini sembrano parlare in modo ancora più diretto ai lettori.

Come risultato, quasi tutti i libri di Balanced View hanno ricevuto un aggiornamento per includere questo linguaggio nuovo e molto potente. Il contenuto di questo libro è lo stesso della prima edizione, e tutti i capitoli e sottocapitoli sono presenti – con dei piccoli cambiamenti ai titoli e ai titoli delle sezioni. Il cambiamento principale è quello di usare "intelligenza aperta" invece di "chiarezza" o "consapevolezza", e "dati" invece di "punti di vista".

Il cambiamento nel linguaggio dovrebbe rendere il messaggio del libro ancora più potente e chiaro.

INTRODUZIONE DELL'EDITORE

Molto spesso nella nostra vita ci troviamo ad affrontare circostanze difficili e non siamo sicuri su cosa fare né a chi rivolgerci. Le nostre solite strategie per far fronte alle situazioni che troviamo davanti a noi spesso non hanno funzionato e continuano a non funzionare, e come risultato ci sentiamo confusi e indecisi. Ci sforziamo di cercare la soluzione migliore, ma una volta che la soluzione è vista e messa in atto, molto spesso poi dobbiamo fare i conti con dubbi, incertezze e paure riguardo a quella decisione. I via vai della nostra vita sembrano implicare infinite apparenze di problemi che necessitano di una soluzione e la creazione di numerosi approcci diversi per affrontare quei problemi.

Tuttavia, a prescindere da quanto sia pronunciato questo scenario nella nostra vita, esiste un'altra scelta. E questa è la semplice scelta di affidarci all'intelligenza aperta che è l'essenza di ogni esperienza e di continuare a tornare a quell'intelligenza aperta per brevi momenti, ripetuti molte volte, finché l'intelligenza aperta diventa continua. Mentre la nostra certezza nell'intelligenza aperta cresce attraverso l'impegno nel prenderci brevi momenti, in modo naturale anche la nostra fiducia nell'intelligenza aperta cresce, e le esperienze che prima ci sembravano così difficili, ora non lo sono più.

Questo libro vuole essere un compagno di viaggio nell'avventura dell'acquisire sempre più certezza nell'innata intelligenza aperta attraverso brevi momenti, ripetuti molte volte, finché diventano continui. Il focus del libro è molto pratico, e l'istruzione data qui è sensata e utile. Che l'argomento sia la vita in famiglia, le relazioni intime, l'amore, i soldi, la malattia, gli stati afflittivi o trovare la pace in noi stessi e nel mondo, gli insegnamenti nel libro continuamente portano a vedere che la risoluzione dei dati è il risultato naturale dell'affidarsi all'intelligenza aperta per brevi momenti, molte volte, finché l'intelligenza aperta diventa ovvia.

Ogni capitolo ha un tema principale, e in ogni capitolo vi sono dei sotto capitoli che affrontano argomenti specifici in relazione al tema principale. Le sezioni possono essere lette individualmente o in sequenza, ma ognuna di esse può essere letta individualmente senza fare riferimento alle altre sezioni. I lettori di questo libro sono invitati a sfogliare il libro e cercare le sezioni che sono più interessanti e di aiuto ad essi.

È molto importante definire le varie parole che vengono usate nel testo. Il termine più importante è *intelligenza aperta*, che viene usato molto spesso in tutto il libro. Altri termini che si riferiscono alla stessa essenza indicata dall'intelligenza aperta includono *chiarezza, consapevolezza, lo stato di base, la natura fondamentale del nostro essere, perfezione naturale, completa perfezione, spazio intelligente, super-intelligenza, super-completezza, realtà auto-perfezionata* e *intelligenza naturale*.

La pratica fondamentale che è discussa per tutto il libro è quella di *affidarci all'intelligenza aperta*. Mentre nei libri e nei testi precedenti i termini "riposare come consapevolezza" o "affidarsi alla chiarezza" vengono usati per questa stessa pratica, affidarsi all'intelligenza aperta è un termine che ha dimostrato di essere molto più diretto e meno propenso al fraintendimento. Affidarsi all'intelligenza aperta è il principio fondamentale del basare ogni esperienza nell'intelligenza aperta piuttosto che nei dati.

Più e più volte, la frase *brevi momenti, molte volte* viene usata per comunicare il fatto che è possibile affidarsi all'intelligenza aperta in ogni singolo momento, e possiamo continuare a ritornare all'intelligenza aperta per brevi momenti ripetutamente finché la pratica diventa spontanea.

Il termine molto importante: *"dati"*, si riferisce a tutti i pensieri, le emozioni, le sensazioni, le esperienze e qualunque fenomeno appaia nell'intelligenza aperta. Nei precedenti libri di BV veniva usato il termine "punti di vista", ma nel frattempo molti lettori hanno trovato che "dati" è un termine che descrive in modo più accurato la loro esperienza. La chiave per comprendere i dati è vedere che essi non hanno alcuna natura indipendente e non sono altro che l'energia riflessiva dinamica dell'intelligenza aperta. I due sono inseparabili come il colore blu e il cielo.

Il materiale per questo libro viene dai discorsi offerti da Candice O'Denver, la fondatrice di Great Freedom e Balanced View. Questi discorsi sono stati offerti negli Stati Uniti, in Svezia e in India, e raccolti e trascritti da uno zelante team di volontari. Il materiale più importante per le questioni della vita quotidiana è stato compilato, disposto e riveduto nella forma che vedete adesso.

Noi, gli editori, vorremo ringraziare di cuore Candice per questo meraviglioso training e anche i tantissimi volontari che hanno reso possibile questo libro.

Sezione Uno
Le Basi della Chiarezza nella Vita Quotidiana

Il Riconoscimento Istintivo dell'Intelligenza Aperta

CAPITOLO UNO

BREVI MOMENTI DI INTELLIGENZA APERTA

Che cosa è un breve momento di intelligenza aperta? Per conoscere la risposta a questa domanda, smettete di pensare solo per un momento. Cosa rimane? Rimane un senso di lucidità. Questo è ciò che è l'intelligenza aperta: la lucidità che è aperta come un cielo senza nuvole. Un breve momento di intelligenza aperta è il riconoscimento istintivo dell'interminabile intelligenza aperta.

Pensieri, emozioni, sensazioni e altre esperienze – i dati - compaiono nell'intelligenza aperta proprio come un arcobaleno appare nello spazio. Nello stesso modo in cui lo spazio e un arcobaleno sono inseparabili, i pensieri, le emozioni, le sensazioni e le altre esperienze sono inseparabili dall'intelligenza aperta.

Quando smettiamo di pensare per un momento, ci introduciamo all'intelligenza aperta, e in poco tempo cominciamo a notare che l'intelligenza aperta che è presente quando *non* stiamo pensando è presente anche quando stiamo pensando.

Tutti i pensieri appaiono e scompaiono naturalmente come la scia di volo di un uccello nel cielo, e la pacifica e lucida intelligenza aperta che viene identificata quando smettiamo di pensare è la base di tutti quei pensieri. Essa satura tutti i pensieri senza eccezione nello stesso modo in cui lo spazio è presente in tutto ciò che appare in esso. Facendo affidamento sui brevi momenti di intelligenza aperta, l'intelligenza aperta diventa sempre più automatica. Ciò può accadere lentamente o velocemente. Brevi momenti di intelligenza aperta possono essere paragonati a creare un filo di perle. Ogni perla viene aggiunta al filo con assoluta certezza che un filo completo di perle ne sarà il risultato. È lo stesso con i brevi momenti. Proprio come infilare una perla alla volta porta ad una collana completa, affidandoci alla sempre presente intelligenza aperta per brevi momenti ripetutamente, quei brevi momenti diventano continui nella nostra esperienza. Una volta che diventa continuo, prendere brevi momenti non è più necessario.

Una volta che l'intelligenza aperta diventa sempre più costante e ininterrotta, troviamo che ha un potere immenso che non avremmo mai sognato possibile. C'è il potere di risolvere i problemi e il potere di agire abilmente in tutte le situazioni. Quando riconosciamo che questa innata intelligenza aperta risolve i nostri problemi personali, la convinzione comincia ad emergere che essa abbia il potere di risolvere anche i problemi del mondo. Siamo stupiti da quanto sia evidente l'intelligenza aperta e stupefatti che sia stata sempre presente in noi, anche se forse non l'abbiamo riconosciuta. È la più grande fortuna conoscerla ora.

I BENEFICI DEI BREVI MOMENTI

Un'idea molto comune è che l'intelligenza aperta è separata da pensieri, emozioni, sensazioni e altre esperienze. Tuttavia, solo dalla prospettiva della conoscenza incompleta c'è una separazione apparente. Dalla prospettiva dell'intelligenza aperta non vi è alcuna separazione.

Una illustrazione eccellente dell'intelligenza aperta presente in tutti i dati è quella del burro presente nella panna. Quando la panna viene sbattuta il burro diventa ovvio, anche se non era ovvio prima. Proprio come la zangolatura della panna non può

3

non produrre il burro, brevi momenti di intelligenza aperta portano alla luce l'interminabile intelligenza aperta che è evidente nelle percezioni momento per momento.

In un primo momento può sembrare che nulla accada quando la panna viene agitata, ma con persistenza la panna agitata sviluppa una consistenza burrosa e poi il burro appare. La panna è pervasa dal burro e questo diventa evidente attraverso la zangolatura. Allo stesso modo, brevi momenti di intelligenza aperta, ripetuti più e più volte, diventano spontaneamente intelligenza aperta continua in tutte le situazioni e l'irreversibile intelligenza aperta diventa presente in ogni momento.

All'inizio ricordiamo un breve momento di intelligenza aperta, ma forse, poi, a volte ci dimentichiamo e questo è normale. Tuttavia, non dobbiamo mai rinunciare a questi brevi momenti di intelligenza aperta. Per quanto momentanei potrebbero essere all'inizio, essi stanno avendo un impatto grandissimo. I benefici potrebbero non essere così evidenti inizialmente, ma dobbiamo continuare a rimanere interessati all'intelligenza aperta. Dobbiamo avere il tipo di volontà che dice: "Non rinuncerò mai ai brevi momenti di intelligenza aperta!".

Grazie al potere dei brevi momenti cominciamo a scoprire sempre di più un senso di chiarezza che ci riempie di energia calmante e potente. Andando avanti con brevi momenti, ogni volta che ci ricordiamo di farlo, i momenti naturalmente cominciano a durare più a lungo. Mentre i momenti di intelligenza aperta si allungano, troviamo che la nostra mente e il nostro corpo sono molto più a loro agio. Cominciamo a notare una qualità calmante e un aumento dell'energia benefica nella nostra vita quotidiana. Non sottovalutate mai il potere di questa semplice pratica. È la forza più potente della terra.

INTERMINABILE INTELLIGENZA APERTA

Brevi momenti di intelligenza aperta sono riconosciuti come chiarezza interminabile. I brevi momenti iniziali si allungano e lungo la strada realizziamo che questi momenti in realtà stanno rivelando una permanente e interminabile intelligenza aperta. Scopriamo che l'intelligenza aperta è disponibile tutto il tempo. Questa realizzazione è simile al modo in cui l'alba illumina l'intero paesaggio. Prima che il sole sorga, gli elementi del paesaggio si perdono nel buio, ma una volta che è sorto, si vede tutto chiaramente.

Questo può essere paragonato al perdersi nel buio di pensieri, emozioni, sensazioni e altre esperienze fino a quando siamo introdotti all'intelligenza aperta. Quando il sole dell'intelligenza aperta sorge, offre sempre più una visione equilibrata di tutti i pensieri, le emozioni, le sensazioni e le altre esperienze. Troviamo la visione equilibrata dell'intelligenza aperta *nei* dati. La chiarezza interminabile in ogni momento fornisce completa stabilità mentale ed emotiva, conoscenza, etica naturale, empatia, abilità in tutte le situazioni e il potere costante di soddisfare l'intento creativo a beneficio di tutti.

Brevi momenti ripetuti più e più volte *diventano* continui. Mettendo in pratica ciò, raggiungiamo profonda fiducia nel potere dei brevi momenti di portare beneficio alla nostra vita. Manteniamo le cose semplici: brevi momenti, molte volte. L'interminabile intelligenza aperta diventa sempre più ovvia fino a quando è evidente in ogni momento. Mentre si sviluppa la nostra chiarezza in tutte le cose, vediamo che non siamo così complicati come possiamo aver pensato. In realtà, siamo abbastanza semplici.

Il potere dell'intelligenza aperta ci mostra che pensieri, emozioni, sensazioni ed esperienze sono semplicemente dati che appaiono nell'intelligenza aperta. Ciò può essere illustrato dal modo in cui i pianeti e le stelle appaiono nella distesa dello spazio: allo stesso modo i dati appaiono nell'intelligenza aperta. Proprio come lo spazio rimane inalterato da qualsiasi evento in esso, l'intelligenza aperta rimane inalterata dai dati.

Potenziamo noi stessi con brevi momenti e vediamo che questo stesso potenziale per il potenziamento è in ognuno di noi. Sulla base della nostra esperienza arriviamo alla conclusione che grazie al potenziamento di ognuno con i brevi momenti di intelligenza aperta, le persone del mondo possono unirsi ed essere la forza che porta la pace nel mondo.

L'INTRODUZIONE ALL'INTELLIGENZA APERTA

Quando sentiamo parlare di intelligenza aperta potremmo chiederci: "Beh, che cosa è?". L'intelligenza aperta è infatti la base e l'origine della domanda stessa. Le parole appaiono nell'intelligenza aperta e la domanda e chi la pone sono entrambi ugualmente radicati nell'intelligenza aperta. Tuttavia, inizialmente, è abbastanza improbabile essere in grado di identificare l'intelligenza aperta, perché non abbiamo mai imparato cos'è nella nostra esperienza. Ci deve essere un'introduzione all'intelligenza aperta e un qualche senso di ciò che è, prima di poter ottenere certezza in essa. Quell'introduzione all'intelligenza aperta potrebbe accadere spontaneamente alla presenza di qualcuno che ha già certezza dell'intelligenza aperta. Ma non è la persona che ci sta facendo qualcosa, è solo che stiamo percependo noi stessi, forse per la prima volta.

Un'altra introduzione all'intelligenza aperta può avvenire semplicemente smettendo di pensare solo per un momento. Chiunque può smettere di pensare per un momento e quando smettiamo di pensare per un momento, tutto ciò che è presente è lucidità, conoscenza e una visione equilibrata, e questo è ciò che è l'intelligenza aperta. Quando guardiamo quella lucidità non possiamo dire che si tratta di qualcosa. È un'intelligenza che vede ogni singolo dato che appare in essa come se stessa. Se c'è un pensiero o nessun pensiero, l'intelligenza aperta è ugualmente lo spazio di entrambi. L'intelligenza aperta non è solo presente nel non-pensare, è presente anche nel pensare.

Abbiamo bisogno di fare affidamento su alcuni mezzi per familiarizzare con e divenire certi dell'intelligenza aperta, e per la maggior parte delle persone il modo più semplice per farlo è attraverso brevi momenti ripetuti molte volte, fino a quando brevi momenti diventano continui. Ogni volta che ce ne ricordiamo, prendiamo un breve momento per identificare quella lucidità, quella stabilità e quella visione equilibrata che è alla base di tutti i dati. Smettiamo di pensare solo per un momento - un breve momento di intelligenza aperta - e lo ripetiamo molte volte. "Ripeterlo molte volte" significa che torniamo ad esso ripetutamente, più e più volte, in modo non artificioso, non forzato.

Mentre facciamo questo acquisiamo più familiarità con la natura inseparabile di intelligenza aperta e dati. Proprio come il colore blu e il cielo sono inseparabili, o i raggi del sole e il sole sono inseparabili, i dati e l'intelligenza aperta sono inseparabili. Attraverso brevi momenti ripetuti molte volte, diventiamo più certi dell'intelligenza aperta. Vediamo realmente che questa lucidità è sempre presente e che possiamo tornarci ripetutamente.

In questo modo semplice e facile diventiamo fiduciosi nei brevi momenti, e col tempo la pratica diventa spontanea e continua. È infatti continua fin dall'inizio, ma noi semplicemente non l'abbiamo riconosciuta. Mentre riconosciamo l'intelligenza aperta sempre di più, il riconoscimento diventa continuo. Cominciamo a vedere che tutti i dati appaiono in, di, come e attraverso l'intelligenza aperta.

LA SCELTA PIÙ IMPORTANTE

Per molti di noi è abbastanza difficile fare affidamento sull'intelligenza aperta quando ci sono flussi di dati inquietanti. È importante vedere che anche gli stati molto inquietanti sorgono nell'onnipresente intelligenza aperta. È importante riconoscere che la base di tutti i flussi di dati è l'intelligenza aperta. Noi scegliamo che l'intelligenza aperta sia evidente a noi o no. Questa scelta, momento per momento, è la scelta più importante che facciamo.

In pratica, è così che funziona: quando sorgono dati inquietanti, ci affidiamo a un breve momento di intelligenza aperta interminabile. Nel corso del tempo, grazie al potere del breve momento di divenire più lungo, ci sarà l'istintiva intelligenza aperta indipendentemente dal tipo di dati che appare. Con nostra grande sorpresa troviamo che tutti questi flussi di dati inquietanti riposano nell'intelligenza aperta.

Grazie al potere dei brevi momenti di intelligenza aperta, tutti i dati scorrono via. Il qui-e-ora si chiarisce immediatamente senza alcuno sforzo o senza dover fare qualcosa. Proprio come la luce del sole eclissa tutti i pianeti e le stelle durante il giorno, il potere della chiarezza innata dell'intelligenza aperta eclissa pensieri, emozioni, sensazioni e altre esperienze. Nell'intelligenza aperta c'è profonda intelligenza, e noi siamo introdotti ad essa immediatamente, ovunque ci troviamo. È così semplice: se non ci affidiamo all'intelligenza aperta, non troviamo mai questa chiarezza.

L'intelligenza aperta, rilassata ed enormemente potente, è fonte di una vita soddisfacente e fiorente, completa stabilità mentale ed emotiva, profonda comprensione della natura dell'esistenza, maggiore intelligenza, altruismo spontaneo, moralità ed etica, superba abilità e potenza costante a beneficio di tutti.

RICONOSCIMENTO ISTINTIVO

Il tuo benefico stato naturale e la tua energia benefica non hanno bisogno di essere coltivati o sviluppati. Se cerchi di coltivarli o svilupparli, tutto quello che stai facendo è coinvolgerti in più flussi di dati cercando di fare le cose in un certo modo. Non c'è modo di creare energia benefica. È già presente e nel semplice riconoscimento di ciò, diventa evidente.

Questo semplice riconoscimento non avviene a livello verbale, mentale o intellettuale. Il riconoscimento è istintivo e questo è il significato del termine "riconoscimento istintivo". Significa che tu istintivamente realizzi la tua condizione nativa così com'è. Quando vi rilassate con tutte le idee che avete su ogni cosa, comprese le idee su ciò che sono la consapevolezza, la chiarezza e l'intelligenza aperta, allora la vostra disposizione è completamente serena e aperta. Non vi è alcuna necessità di venire coinvolti nel pensare a tutti i nostri flussi di dati; c'è solo il riconoscimento disinvolto di tutto così com'è.

In quella disposizione, il riconoscimento istintivo diventa davvero facile. Rilassate il corpo e la mente completamente, questo è ciò che è il riconoscimento istintivo. Non significa rilassarvi sul divano, anche se può anche significare questo. Significa che, nell'intera gamma di esperienze, il corpo e la mente sono completamente rilassati e a proprio agio come lo stato fondamentale della perfezione naturale. È già così, quindi non c'è bisogno che sia fatto in quel modo. Anche correndo una maratona di 26 miglia il corpo e la mente sarebbero completamente rilassati.

Rilassando la presa sul pensare a come dovrebbe essere ogni cosa, consentite ogni cosa in ugual modo. Iniziate a sperimentare tutto così com'è e sperimentate voi stessi esattamente come siete. Ci potrebbero essere ogni tipo di pensieri, emozioni e sensazioni che avete evitato, ma una volta che quell'evitare si ferma, siete proprio così come siete: aperti col cuore e con la mente. L'irremovibile pervasività del qui-e-ora, che vede in modo puro, è semplicemente così com'è. Essa consente ogni cosa in ugual modo, senza cambiare nulla.

Fino a quando non iniziamo davvero a prendere confidenza con quella realizzazione istintiva, ciò che è stato detto qui sarà solamente un mucchio di parole. Non possiamo arrivare a questa fiducia intellettualmente; dobbiamo arrivarci istintivamente. È istintivo, perché è oltre il pensiero e la ragione. Possiamo capirlo intellettualmente, ma ciò non ci porterà fino in fondo. Le parole possono essere fantastiche e possono evocare un senso espansivo di chiarezza e di intelligenza aperta, ma se non prendiamo brevi momenti affidandoci all'intelligenza aperta a cui siamo stati introdotti, non avremo i benefici sorprendenti di pervasiva intelligenza aperta nella nostra vita.

L'INTELLIGENZA APERTA COME BASE

CAPITOLO DUE

L'INTELLIGENZA APERTA E I DATI

È importante essere introdotti all'intelligenza aperta, la chiarezza e l'intelligenza fondamentale che esistono in ognuno di noi. Questa è l'intelligenza fondamentale della natura stessa, compresa la natura umana. Che cosa è quell'intelligenza fondamentale? È lucida, chiara e consapevole; è il nostro potere di conoscere tutto. Qualunque cosa appaia nell'intelligenza aperta - tutte le descrizioni della nostra vita o dei nostri dati - è inseparabile da ciò. Facendo affidamento sull'intelligenza aperta, piuttosto che sui dati, abbiamo completa apertura percettiva in ogni esperienza.

La maggior parte di noi impara a focalizzarsi sui dati e a riorganizzarli in modo da avere una buona vita. Non apprendiamo mai la chiarezza dell'intelligenza aperta, che è la visione equilibrata in cui appaiono tutti i dati. Non impariamo che c'è qualcosa di noi che è profondo e che ha maestria su tutti i dati. Siamo stati addestrati a pensare che riorganizzando i dati saremo brave persone; tuttavia, la maggior parte di noi non raggiunge mai quella soddisfazione, e ha sempre la sensazione di non essere all'altezza.

Non importa quali siano i nostri dati, una volta che siamo introdotti all'intelligenza aperta, possiamo vedere che tutti i dati appaiono in quella visione. Ciò significa che, mentre andiamo avanti nella vita di tutti i giorni attingiamo a un tipo completamente diverso di intelligenza rispetto a quello che avevamo mentre eravamo totalmente focalizzati sul riorganizzare i dati. La nostra intelligenza fondamentale è lucida, chiara e consapevole, ed è facile fare affidamento sull'intelligenza di una visione equilibrata, piuttosto che su tutti i dati.

Dapprima siamo introdotti all'intelligenza aperta, poi vediamo sempre più che i dati appaiono nell'intelligenza aperta e sono inseparabili dall'intelligenza aperta, come il cielo e il colore blu sono inseparabili. In un primo momento potrebbe sembrare che i dati siano qualcosa di diverso dall'intelligenza aperta, ma affidandoci all'intelligenza aperta, vediamo che essa pervade tutti i dati. Quando avviene un pensiero, possiamo vedere che appare nell'intelligenza aperta, perdura nell'intelligenza aperta, scompare nell'intelligenza aperta e l'intero processo è intelligenza aperta.

Per la maggior parte di noi la motivazione principale è quella di organizzare le circostanze in modo da stare bene. Vogliamo provvedere al nostro cibo, ai vestiti e a un tetto, e magari vogliamo fornirlo anche ad altre persone, ma può essere un calvario estenuante se ci lasciamo coinvolgere in tutti i dati riguardo a tali esigenze.

Non importa in cosa siamo coinvolti, la base della vita umana è la stessa per ognuno e per ogni cosa: l'intelligenza aperta. Facendo affidamento sull'intelligenza aperta, è facile vivere; facendo affidamento sui dati, non è facile vivere. È un'equazione totalmente semplice.

AFFIDARSI ALL'INTELLIGENZA APERTA

La ricerca svolta nel campo della fisica quantistica ha dimostrato che tutti i fenomeni sono inseparabili. La natura è così – inseparabile - ed è impossibile cogliere qualcosa al di fuori della natura. Dove andrebbe? La natura dei molti mondi e di ciò che è al di là dei molti mondi è nell'intelligenza aperta. L'intelligenza aperta contiene tutto e i dati che appaiono sono non-separati dall'intelligenza aperta.

12

È impossibile prendere un dato qualsiasi all'esterno dell'intelligenza aperta. È impossibile essere al di fuori dell'intelligenza aperta; l'intelligenza aperta semplicemente è. Ci affidiamo all'intelligenza aperta momento per momento per brevi momenti, ripetuti molte volte, finché l'intelligenza aperta diventa ovvia. Questo è molto semplice: affidarsi all'intelligenza aperta, con i dati che appaiono, perdurano e si risolvono nell'intelligenza aperta per brevi momenti, molte volte fino a quando i brevi momenti diventano continui.

In un certo senso abbiamo usato brevi momenti per molte altre cose che facciamo automaticamente, come lavarci i denti o legare i lacci delle scarpe. Potrebbe essere stato strano quando imparavamo a muovere lo spazzolino in bocca o quando cercavamo di legare i lacci alle nostre scarpe. Ci sembrava che ci sarebbe voluta un'eternità per imparare quelle abilità, ma ora avendo acquisito familiarità con queste cose, le facciamo completamente senza pensarci. È attraverso lo stesso tipo di processo che accresciamo la nostra familiarità con l'intelligenza aperta. Così come abbiamo imparato il nostro nome riconoscendo continuamente quel nome, impariamo a conoscere l'intelligenza aperta riconoscendo l'intelligenza aperta.

Facendo affidamento sull'espansività totalmente spaziosa dell'intelligenza aperta, siamo in grado di affidarci alla nostra intelligenza fondamentale di base per risolvere i problemi. Laddove prima avevamo difficoltà a risolvere i problemi, sempre più arriviamo a vedere che possiamo risolvere ogni problema che si presenta dalla spaziosità dell'intelligenza aperta.

SEGNI DI CERTEZZA

Inizialmente potremmo non riconoscere l'intelligenza aperta per tutto il tempo, ma continuando con i brevi momenti, l'intelligenza aperta diventerà sempre più evidente. Cominciamo ad avere più stabilità mentale ed emotiva, perché lasciamo che i

13

dati passino; non abbiamo bisogno di saltare nella storia ed essere distratti dai dati. Siamo molto più rilassati e spensierati rispetto ai dati e non vediamo più i dati come qualcosa su cui basare la nostra vita. Grazie al potere dell'intelligenza aperta cominciamo a vedere che i dati sono come il cielo vuoto. Arriviamo al punto in cui non ci accorgiamo più dei dati. Essi scorrono via senza distrazioni.

Se ci affidiamo alla nostra natura pacifica, troveremo rapidamente e sicuramente qualcosa di noi stessi che non avremmo mai sognato fosse presente. Cominciamo a vedere segni di certezza nella vita quotidiana. Quali sono i segni di certezza dell'intelligenza aperta? Essi sono il potere di riconoscere sempre di più la nostra intelligenza aperta istintiva, e con essa di trovare completa stabilità mentale ed emotiva, comprensione, compassione e grandissima abilità, e potere consistente per adempiere all'intento creativo a beneficio di tutti.

Questi segni di intelligenza aperta che appaiono da sé, sono presenti in tutti. In questo senso siamo tutti bambini dotati che hanno questi profondi doni dentro di loro. Tutto quello che dobbiamo fare è avere accesso ad essi, e la chiave d'oro è da ricercare nei brevi momenti di intelligenza aperta, ripetuti molte volte fino a quando l'intelligenza aperta diventa evidente.

Non abbiamo bisogno di impegnarci in ogni tipo di pratica al fine di arrivare a questi segni di certezza. Tutti i segni di certezza sono già presenti in un breve momento, proprio come il calore è già presente nel sole. La realtà della nostra natura è la nostra forza più grande, ed è molto semplice e non elaborata. Perché trasformarla in un grande progetto?

Ciò su cui vogliamo veramente focalizzarci sono questi brevi momenti di affidamento all'intelligenza aperta, e in un breve momento di intelligenza aperta tutti i poteri sono già presenti. Questi sono i poteri a cui vogliamo guardare, perché garantiscono il nostro ben-essere e il ben-essere degli altri. Essi garantiscono unità e pace in noi e nel mondo che ci circonda. Anche se pensiamo che abbia valore ottenere stati particolari di beatitudine per la nostra soddisfazione, alla fine ci renderemo conto che, in ultima analisi, non c'è nulla da guadagnare in ciò. Vogliamo i segni concreti di certezza dell'intelligenza aperta. Avendo quelli, non siamo più ingannati da tutti questi altri dati.

SEGNI DI MAESTRIA

Quando la maestria della nostra natura pacifica - la nostra innata intelligenza - dimora profondamente in noi in tutte le circostanze, entriamo in un modo di vivere che è molto potente e pieno di possente energia. Siamo in grado di fare senza sforzo quello che la maggior parte delle persone non può nemmeno immaginare di fare. Questo è un segno di maestria: la capacità di compiere imprese incredibili che sembravano irrealizzabili.

Quando ebbi un'idea chiara del modo in cui volevo indirizzare la mia vita, e questo era tutto ciò che avevo, non sapevo davvero come sarebbe stato realizzare quella visione. Apparvero pensieri di ogni tipo come: "Accidenti, non posso farlo. Come potrà avvenire? Sono solo una persona". Se fossi rimasta solamente con quei pensieri, non avrei mai fatto nulla. Tuttavia, nel fuoco dell'impegno che era presente, il potere che realizza ogni intento creativo è diventato disponibile.

E' questo che significa raggiungere la maestria: abbiamo il potere di apportare un beneficio incredibile e ogni giorno sappiamo esattamente quali azioni devono essere intraprese per apportare tale beneficio. Giorno per giorno sappiamo tutto ciò che è necessario e il potere di agire è presente.

La manifestazione di questi aspetti della maestria nella vita degli individui può avvenire in molti modi diversi. Ad esempio, è possibile che formare le persone all'intelligenza aperta e alla loro natura pacifica, non sia affatto di tuo interesse. Forse invece sei un ricercatore scientifico e vuoi trovare una cura per una malattia. Grazie al potere della maestria dell'intelligenza aperta, sarai in grado di fare enormi progressi nella ricerca di una cura per tale malattia. Se hai a che fare con questioni ambientali, ottenere acqua pulita o cibo nutriente per tutti sul pianeta o stabilire la pace sulla terra, il potere di compiere queste cose avviene attraverso la maestria della nostra natura pacifica.

Questo stesso potere di agire abilmente è presente anche quando le persone fanno parte di una organizzazione e ci sono certe qualità e attività magistrali che un'organizzazione può esibire. Il primo è il potere di introdurre le persone alla loro intelligenza naturale. Il secondo è il potere che genera fiducia e certezza in quell'intelligenza fino al punto della maestria. Una terza dimostrazione è l'avere offerto degli scritti che aiutino a guidare le persone a scoprire la loro innata intelligenza aperta. Insieme a questo c'è la capacità dell'organizzazione di fornire un sistema di supporto 24 ore su 24 a chiunque voglia quel supporto.

Ad un certo punto, in modo molto naturale l'impegno di acquisire certezza nella nostra innata intelligenza aperta e natura pacifica porta frutto. Non collassiamo più in un ossessivo focus su di noi e attraverso l'enorme rilascio di energia che avviene attraverso il riconoscimento istintivo dell'intelligenza aperta, vogliamo essere naturalmente e spontaneamente di beneficio per tutti. Nel mondo possono avvenire grandi cambiamenti perché la maestria dell'intelligenza aperta consente l'accesso a un livello molto elevato di abilità e di intelligenza che altrimenti non sarebbe conosciuto.

LA DIMOSTRAZIONE DELL'INTELLIGENZA APERTA

Dal primo breve momento di intelligenza aperta, sperimentiamo piena chiarezza e compassione. Molti di noi hanno passato la maggior parte della propria vita senza mai sentir parlare di ciò che è autentico di se stessi, ma quando lo sentono iniziano a rilassarsi nella propria natura autentica senza alcuno sforzo da parte propria. Sentono: "Ah, questo mi fa sentire bene. C'è qualcosa in questo che è così rilassante". Da quel primo momento di energia rilassante dell'intelligenza aperta, c'è un'enorme rilascio di chiarezza e compassione.

In ogni breve momento di intelligenza aperta utilizziamo i poteri di chiarezza. Perché non abbiamo avuto questi poteri di chiarezza prima? Perché siamo stati troppo coinvolti a perpetuare tutte le nostre storie su come stanno le cose e il modo in cui siamo noi. Inizialmente nella pratica dei brevi momenti molte volte è importante non essere distratti dalle storie; torniamo a brevi momenti di intelligenza aperta ripetutamente, il più spesso possibile.

La chiarezza e la compassione sono ciò che è autentico, e questo è ciò che vogliamo essere in grado di manifestare nella nostra vita. Vogliamo vedere sempre di più la visione equilibrata della chiarezza e della compassione in noi stessi in modo che tali poteri possano beneficiare gli altri.

Una meravigliosa metafora per i poteri di chiarezza e compassione è il sole e la luce del sole. Proprio come la luce del sole viene emanata naturalmente dal sole e non può essere fermata in nessun modo, così anche la chiarezza e la compassione risplendono dall'intelligenza aperta. Sappiamo se stiamo acquisendo fiducia nell'intelligenza aperta o no dalla presenza di chiarezza e compassione: diventando più stabili mentalmente ed emotivamente, avendo più comprensione di noi stessi e delle altre persone e sperimentando il calore della compassione. Possiamo vedere in modi sottili e palesi se stiamo diventando più abili nella vita o no.

Possiamo dire molte cose di fantasia sull'intelligenza aperta, ma quello che vogliamo vedere è la dimostrazione della sua visione equilibrata nella nostra vita. Questa è la vera prova di fiducia nell'intelligenza aperta.

MAESTRIA SUI FENOMENI

Il peggior tipo di dipendenza e il peggior tipo di culto è quello a cui apparteniamo senza saperlo! Potremmo dire: "Non sono dipendente da nulla; Non farei mai parte di un culto", mentre in realtà potremmo partecipare in piena dipendenza e comportamenti completamente settari credendo nella natura indipendente dei dati. La vita basata sui dati è una vita di debolezza, impotenza, ingovernabilità e dipendenza dall'idea che le apparenze abbiano un'esistenza indipendente.

Una volta che c'è una comprensione della vera natura dei dati, che i dati appaiono senza realmente esistere in modo indipendente e che sorgono senza mai essere separati o a parte dall'intelligenza aperta, allora c'è una comprensione che tutto ciò che appare è come un miraggio. Proprio come non possiamo ottenere nulla da un miraggio, non c'è nulla da ottenere dalle apparenze. Non importa quanto siamo disperatamente assetati, non troveremo mai da bere in un miraggio.

È lo stesso con la ricerca del ben-essere nei dati. Tutti questi dati-miraggio sono come il sogno della scorsa notte; non c'è niente lì. Che siate svegli, dormiate o sogniate, l'idea di "voi" e l'intero cast di personaggi e la sfilata di immagini che sperimentate non sono mai stati una cosa solida e afferrabile.

Essere cristallini circa la natura della realtà è avere completa maestria sulle apparenze fenomeniche. Senza la piena comprensione della natura dell'esistenza, non solo non c'è maestria sui dati ma c'è un rimbalzare tra tutti i dati interni ed esterni con voi come il punto di rotazione.

L'identità personale che credete di essere non ha bisogno di alcun tipo di esame o correzione. Affidatevi semplicemente all'intelligenza aperta per un breve momento, quella è la vostra vera identità. Non c'è mai stata una persona che abbia bisogno di essere gestita o di cui prendersi cura.

Non c'è un solo dato che abbia mai avuto un'esistenza indipendente, quindi cosa dice questo del "tu" che stai cercando di sistemare? Cercheresti di rimodellare lo spazio per renderlo uno spazio migliore? No, lo spazio è sempre così com'è e questa è anche la natura dell'intelligenza: l'intelligenza aperta è sempre così com'è. Non si trasforma mai in un soggetto; non si trasforma mai in un oggetto. Ovunque siano visti soggetto e oggetto, l'intelligenza aperta sta guardando dall'interno di quel soggetto e oggetto. Non c'è mai alcuna separazione o divisione da nessuna parte. Siate molto chiari su questo.

I PRIMI PIONERI

Anche se l'intelligenza aperta è completamente ovvia e innegabile, non viene spesso riconosciuta, ma non continuerà a non essere riconosciuta per molto tempo. Ci sono molte persone ora che stanno riconoscendo istintivamente l'intelligenza aperta e che stanno applicando quel riconoscimento nella loro vita e nella risoluzione dei problemi collettivi. Questi primi pionieri sono innovatori e la loro innovazione creerà un'ondata nell'umanità che porterà altri verso il riconoscimento dello stato di base. Le persone vedranno i benefici di ciò che stanno facendo gli innovatori e vorranno applicare ciò che hanno visto alla propria vita e ai problemi che stanno cercando di risolvere.

Ci sono innumerevoli problemi che devono essere risolti e innumerevoli problemi che non siamo stati in grado di risolvere. Le persone in tutto il mondo sono interessate ai metodi che saranno effettivamente di beneficio in termini di soluzione a questi problemi, e rinunceranno a un metodo solo quando esso si rivela impraticabile per loro. Tuttavia, quando viene trovato un metodo che fornisce soluzioni benefiche a problemi di lungo termine, le persone vorranno appoggiare e sostenere quel metodo, perché vedono i risultati positivi che esso porta.

IL PENSIERO RILASSATO, INNOVATIVO E APERTO

Abbiamo molti tipi di metafore che indicano l'apertura completa dello stato di base. L'Internet è un esempio possibile che mi viene in mente. L'Internet nel suo complesso è avvenuta guardando le cose in modo estremamente aperto. Innovazioni straordinarie come Google, Wikipedia e l'open source software indicano una prospettiva che è molto aperta. Il pensiero rilassato, innovativo e aperto che permette a tutti i tipi di nuove idee di avvenire è la realtà permanente del nostro essere. Non è solo una certa comprensione casuale che salta fuori di tanto in tanto nel mondo dell'IT (tecnologia informatica).

Avete notato quanto può essere fluida l'identità di una persona su Internet? Le persone possono creare molte identità diverse online e non sono più fissate ad un'identità personale. Non suggerirei necessariamente di farlo, ma esse ci mostrano come l'identità del fluido può essere. Questo è un esempio che ci mostra come la nostra identità personale sia una finzione; in realtà non significa nulla. Non dobbiamo persistere in un'esistenza illusoria.

Tutte le apparenze in noi o fuori di noi e la nostra apparenza come identità personale sono come un miraggio o un ologramma. Così come non cercheremmo nulla in un ologramma o in un miraggio che ci desse soddisfazione o appagamento, perché dovremmo cercare qualcosa nelle apparenze? Sono tutte apparenze vivide di intelligenza aperta e nient'altro.

Viviamo in un'epoca in cui tutta l'umanità è connessa in una cultura umana globale. Siamo in grado di viaggiare facilmente su lunghe distanze e di comunicare reciprocamente attraverso ogni tipo di impianti tecnologici straordinari. Per la prima volta in tutta la storia umana abbiamo questa facilità di accesso tra di noi. È molto importante per noi riconoscere questa connettività globale, perché il riconoscimento di noi stessi come cultura umana globale ha bisogno di informare e di influenzare il modo in cui il mondo si sviluppa nelle prossime generazioni.

Attualmente stiamo attraversando un'enorme cambiamento nel nostro modo di guardare le cose. Piuttosto che vedere le cose in modo superficiale e limitarci a vedere ogni cosa come una causa che porta ad un effetto, siamo capaci di guardare le cose in un modo molto più ampio. In tutte le aree di indagine, che si tratti di religione o spiritualità, filosofia, fisica, matematica, tecnologia internet o altri tipi di tecnologia, siamo davvero in grado di estenderci e di andare oltre i nostri limiti preconcetti.

Nell'acquisire familiarità con il fondamento dell'esperienza umana, acquisiamo familiarità con il fondamento dell'essere, e acquisendo familiarità con questo fondamento dell'essere abbiamo maggiore evidenza e dimostrazione di chi siamo veramente come esseri umani. Da quella prospettiva possiamo vedere tutto ciò che accade in quel fondamento dell'essere in un modo fresco e chiaro.

Quando acquisiamo familiarità con questa prospettiva di ampia portata, diventiamo veri pionieri. Mentre ci sono sempre stati pionieri in ogni generazione, per la prima volta nella storia umana, abbiamo un modo per tutta la cultura umana globale per poter accedere direttamente al fondamento dell'essere così che molti pionieri possano emergere.

Si tratta di un cambiamento molto importante che stiamo attraversando e mentre può essere correlato alle esperienze di molti personaggi storici, non è collegato a nessuna figura storica specifica. Non c'è nessun bisogno di creare un dogma o una religione mondiale o qualcosa del genere. Le persone sono interessate all'esperienza definitiva di ciò che significa essere umani, e molti stanno familiarizzando con ciò. Mentre facciamo questo insieme come cultura umana globale, possiamo davvero affrontare non solo i nostri problemi e le nostre preoccupazioni individuali, ma anche i problemi e le preoccupazioni delle nostre famiglie, delle comunità e del mondo.

ORGANIZZAZIONI OTTIMALI

Sono stata molto coinvolta nella vita della comunità e in diversi tipi di organizzazione sociale da quando ero un'adolescente, ma purtroppo ho trovato che tutte le organizzazioni sociali a cui sono stata esposta erano sopraffatte dai dati delle persone coinvolte. Le organizzazioni non erano in grado di fare molto di ciò che era davvero benefico alle persone.

Quando poniamo l'asticella così in basso, è un po' difficile sapere che cosa c'è oltre l'asticella! Noi come individui dobbiamo diventare del tutto chiari: il modo migliore per la società umana di organizzarsi socialmente è attraverso l'intelligenza aperta dei singoli membri della società umana. Non può avvenire in nessun altro modo. Finora non siamo stati molto bravi a mettere insieme organizzazioni sociali ottimali, siano esse imprese, società, governi, organizzazioni non-profit o qualunque altro tipo di organizzazione. C'è un modo per mettere insieme un'organizzazione ottimale, ma richiede che le persone smettano di essere coinvolte in modi sub-ottimali di pensiero e di organizzazione.

Circostanze sub-ottimali sono ovunque e possiamo continuare ad essere coinvolti in cose del genere oppure no. Tuttavia, se c'è un'organizzazione che ha chiarezza totale, dove tutti sono felici e aspirano davvero ad essere di massimo beneficio, allora quelli sono i tipi di organizzazioni di cui abbiamo bisogno di essere parte, piuttosto che continuare ad andare avanti in una sorta di condizione sub-ottimale.

C'è perfettibilità che è possibile nella condizione umana e quella perfettibilità non è un pio desiderio; è naturalmente presente come una legge fisica del nostro stato fondamentale. Dobbiamo realizzare istintivamente che siamo essenzialmente noi stessi quello stato fondamentale, e poi formare le nostre organizzazioni in base a tale realizzazione.

LA CONOSCENZA CHE PORTA BEN-ESSERE

CAPITOLO TRE

L'INTELLIGENZA DELLA NATURA

Grande enfasi è posta oggi sulla diversità di opinione e di idee: ognuno ha i propri flussi di dati e cerca di costruire consenso dall'intelligenza basata sui dati. Tuttavia, abbiamo cercato di costruire consenso dalla diversità dei dati per centinaia di anni e ciò ha portato solo ad una sempre maggiore incoerenza.

Può sembrare utile cercare di costruire un consenso tra opinioni divergenti, ma questa metodologia è in realtà arretrata e anacronistica. Abbiamo davvero bisogno di focalizzarci su modi di formare le persone a guidare, innovare e creare utilizzando metodi di collaborazione che non sono affatto basati sui dati. L'enfasi non dovrebbe più essere basata sull'affidarsi ai propri dati limitati o sull'auto-promozione per favorire la propria agenda, ma sull'intelligenza aperta e sul reciproco successo e beneficio di tutti.

Se una persona è bloccata in un sistema, allora i metodi e gli obiettivi a cui la persona è interessata saranno basati solamente su quel sistema. Anche se può avere grandi idee su ogni genere di cose, il suo pensiero è così radicato nel sistema che continuerà a fare riferimento a quel sistema, piuttosto che mettere da parte ogni sistema.

Ciò che serve è il coraggio e la conoscenza di sfidare l'autorità della conoscenza. Per le persone che vivono in questo tempo così come per le generazioni future, vogliamo avere una forma di conoscenza che non faccia costantemente riferimento alla conoscenza del passato al fine di verificare se stessa. Non possiamo continuare a fidarci dell'autorità della conoscenza del passato e agire in base ad essa.

I giovani di oggi stanno mettendo sempre più in discussione quella conoscenza del passato, ma in un altro modo la stanno seguendo. Per i giovani di oggi, così come per tutte le persone, scoprire la natura della nostra stessa esistenza è un'impresa molto valida, piuttosto che continuare a mantenere sistemi di conoscenza che non hanno funzionato.

I giovani hanno un'attitudine più spensierata e stanno davvero contribuendo moltissimo. Molti di loro sono interessati a far parte di un gruppo interconnesso piuttosto che rimanere separati come individui sconnessi; sono molto interessati al beneficio del tutto e a far si che il mondo sia un luogo in cui tutti possano vivere insieme pacificamente.

Allo stesso tempo ci può essere una certa mancanza di serietà che è realmente necessaria in questo momento cruciale. Anche se possiamo essere spensierati, per innovare e guidare dobbiamo essere anche del tutto seri e chiari. Ciò richiede mettersi in piedi e dire: "No, sono assolutamente in disaccordo con quello che sta succedendo e voglio trovare un metodo da poter usare per non ripetere gli errori del passato".

Il potere dell'intelligenza aperta è così immenso, ma non sembra immenso quando è impantanato in sistemi di pensiero particolarizzati. L'immenso potere dell'intelletto che è presente nell'intelligenza aperta ha completa maestria su tutti i dati. Questa intelligenza è l'intelligenza della natura: completamente chiara, stabile e come un laser.

Questa intelligenza della natura, la nostra conoscenza di base, comprende che tutta la conoscenza è presente d'un tratto, che non c'è mai una conoscenza che viene scoperta o inventata; essa è solo riconosciuta come già presente. Di solito pensiamo alle invenzioni e alle scoperte come qualcosa di completamente nuovo, ma tutta la conoscenza è già presente in una volta: non-dimensionale e senza zeri.

Non saremo mai in grado di dare un senso alla natura dell'esistenza riorganizzando gli stessi vecchi pezzi del puzzle. Vogliamo essere chiari su ciò che è impraticabile e cercare ciò che è praticabile, e soprattutto dobbiamo mettere in discussione tutte le autorità della conoscenza. Al fine di mettere davvero in discussione ciò che le autorità della conoscenza stanno dicendo, dobbiamo prima avere il riconoscimento istintivo dell'intelligenza aperta, e ciò può avvenire solo nella nostra esperienza. Quando abbiamo il pieno riconoscimento dell'intelligenza aperta, siamo in grado di ascoltare qualsiasi autorità della conoscenza e riconoscere se è corretta o in grave errore.

VEDERE LE COSE IN MODO NUOVO

Quando non sappiamo come connetterci alla semplicità della presenza naturale della nostra esperienza, scorrazziamo in giro persi in un modo convenzionale di pensare. La maggior parte di noi non ha accesso a nessun tipo di conoscenza che possa scuoterci dalla nostra arroganza e ignoranza.

Ci sono alcuni esempi interessanti del passato di come l'umanità abbia completamente mal percepito la realtà. Una credenza comune molti anni fa era che la terra fosse piatta e che, se una nave avesse navigato troppo lontano sarebbe caduta dal bordo. Tuttavia, alcune persone credevano che la terra non fosse piatta, e lo dimostrarono viaggiando attraverso gli oceani senza cadere dal bordo. Le persone che pensavano che la terra non fosse piatta svilupparono questa nuova nozione, poi lentamente raccolsero alcuni sostenitori e dimostrarono che la loro idea era vera. Comunque ci volle del tempo affinché la loro scoperta diventasse conoscenza comune.

In un modo simile, abbiamo percezioni errate fondamentali sulla nostra realtà. Il genere umano è stato molto focalizzato sulle apparenze, e sono stati sviluppati e creduti schemi descrittivi che descrivono una realtà dualistica basata su bene e male. La premessa è che ci sono cose positive e negative che si verificano, e che più ne abbiamo di positive, meno ne avremo di negative, e viceversa.

Anche se abbiamo assunto e profondamente creduto in questo, ciò di fatto non è mai stato il caso. Non siamo mai stati in grado di eliminare il negativo accumulando il positivo, non in ciascuno di noi come individui o nella società in generale. Quando comprendiamo veramente come ci siamo ingannati in passato, allora forse possiamo dire a noi stessi: "Beh, se ci siamo ingannati così grossolanamente in passato, forse ci stiamo ingannando anche ora. È questa supposizione circa il bene e il male uno dei modi in cui ci stiamo ingannando?".

Quando non percepiamo accuratamente la nostra realtà, allora viviamo una vita basata sulla confusione. Non comprendiamo davvero noi stessi e non comprendiamo pienamente molto di quello che sta succedendo. Non riusciamo a vedere la semplice natura della realtà, perché abbiamo fatto affidamento sulle descrizioni per determinare ciò che stiamo sperimentando. Facendo affidamento sulle descrizioni piuttosto che sulla nostra esperienza istintiva della realtà, siamo sempre alla ricerca di una nuova descrizione per sostituire la descrizione che stiamo avendo. Siamo sempre coinvolti nei nostri dati, e ignoriamo lo stato fondamentale di ogni cosa così com'è.

Lo stato fondamentale è al di là di tutte le apparenze fenomeniche. Poiché i dati sono solo espressioni dello stato fondamentale, non hanno sostanzialità indipendente o individuale, identità o esistenza diverse dallo stato fondamentale. Quando i fenomeni sono ridotti alla loro essenza fondamentale, c'è solo lo stato fondamentale e nient'altro. Finché non vediamo che tutto riposa in uno stato fondamentale, non potremo mai andare oltre le nostre idee autolimitanti su chi siamo e su ciò che il mondo è.

COMPRENSIONE ISTINTIVA

A Balanced View parliamo di "intelligenza aperta e dati". La maggior parte di noi impara a focalizzarsi sui dati e a riordinarli in modo da avere una buona vita. Noi non impariamo mai nulla sull'intelligenza aperta, che è l'intelligenza fondamentale, la visione equilibrata in cui compaiono tutti i dati. Non impariamo mai che c'è qualcosa in noi che è profondo e che ha maestria su tutti i dati. L'affidarsi a questa visione piuttosto che ai dati offre un'intelligenza fondamentale che è del tutto chiara.

Grazie al potere dell'intelligenza aperta, si apre un tipo esponenziale di intelligenza. Siamo in grado di vedere ogni tipo di cose sui nostri strumenti di conoscenza che non abbiamo mai visto prima. Siamo in grado di portare il nostro ambito specializzato di conoscenza a livelli di beneficio esponenziali. Non ci incartiamo nella nostra conoscenza in modo da identificarci come una persona speciale; piuttosto, la nostra conoscenza è diretta verso il beneficio di tutti. Vediamo modi per beneficiare noi stessi e tutta la società umana che non avremmo potuto vedere affidandoci ai dati.

Non importa che tipo di metodo stiamo provando: ambientalismo, attivismo politico, spiritualità, scienza, ci sono molti dati associati con ognuno di essi. Grazie al potere dell'intelligenza aperta, si è in grado di sussumere tutti i dati in un'intelligenza fondamentale, piuttosto che aggrapparsi a idee fisse di ciò che è la scienza, ciò che è la filosofia o ciò che sono la spiritualità e la religione.

Anche se abbiamo fatto grandi progressi nella società umana, abbiamo creato un ambiente ripido per noi stessi. Continuiamo a reiterare azioni basate su punti di vista che potrebbero portare all'estinzione della razza umana. Senza la chiarezza dell'intelligenza aperta, le azioni possono essere prese in modo cieco, come scaricare inquinanti in aria e in acqua o diffonderli sulla terra. Tuttavia, dall'intelligenza aperta, diventa impossibile intraprendere una tale azione, perché tutte le azioni sono naturalmente a beneficio di tutti. Sosteniamo noi stessi in modo benefico, e imparando direttamente da questa esperienza siamo in grado di beneficiare gli altri.

C'è un immediato vedere - una sorta di previsione di scenario – di come esattamente qualsiasi tipo di azione andrebbe a finire. Questo non avviene in un modo guidato dal pensiero, ma in modo profondamente istintivo. C'è una conoscenza su cosa fare e cosa non fare, un sapere come agire e quando agire, e questo è naturale a tutti.

Noi esseri umani siamo l'espressione di un processo intelligente in grado di comprendere la natura di tutta la realtà. Si potrebbe dire che la nostra responsabilità è di comprendere istintivamente il nostro ruolo nella natura, e grazie al potere dell'intelligenza aperta possiamo farlo.

CONOSCENZA FONDAMENTALE

Lo stato fondamentale è l'unica fonte di benessere. Voi potreste avere tutta la conoscenza del mondo su ogni singolo fenomeno, di che cosa è fatto e tutto ciò che riguarda le sue funzioni secondo le forme più avanzate della fisica, della matematica e dell'analisi, non provereste ancora benessere. Il benessere può venire solo dalla conoscenza dello stato fondamentale.

La conoscenza fondamentale di chi siete è assolutamente lucida, libera e chiara, ma può non essere riconosciuta se non siete attenti alla sua presenza. L'unico modo per avere quella conoscenza fondamentale è quello di portarla istintivamente a tutto ciò che fate. Quando portate la conoscenza fondamentale alla vostra esperienza, vivere la vita diventa senza sforzo; in caso contrario, la vita è un sacco di lavoro.

Non è possibile utilizzare sistemi linguistici dualistici per descrivere qualcosa che è oltre la descrizione. Questo è il motivo per cui il riconoscimento istintivo dell'intelligenza aperta è così importante; a meno che non ci sia il riconoscimento istintivo in relazione alla propria esperienza, è impossibile accedere all'intelligenza aperta. Se qualcuno fosse introdotto al concetto di intelligenza aperta, ma non lo applicasse in maniera approfondita a tutta la comprensione esperienziale della propria vita, non ci sarebbe alcun modo di poterlo descrivere in una maniera che suoni realmente vera.

L'intelligenza aperta non può mai essere adeguatamente descritta nel linguaggio dotto o accademico che attualmente esiste oggi, perché quel tipo di linguaggio non potrà mai risvegliare il riconoscimento istintivo dell'intelligenza aperta. Lo spontaneo auto-rilascio del qui e ora non potrà mai essere catturato dalla descrizione. È una canzone che deve essere cantata in un certo modo, e quando la canzone è cantata in quel certo modo, allora boom, le persone possono riceverla facilmente. Quale avventura più grande potrebbe esserci di quella di ascoltare la canzone di ciò che è realmente vero su di voi risuonare in voi in modo innegabile?

UN LINGUAGGIO COMUNE

Per la prima volta nella storia la società umana è una comunità globale, ed è importante vedere che cosa sarebbe di maggior beneficio nel modo più efficace e pratico per le persone del mondo. Vogliamo vedere come poter risolvere i problemi orribili che abbiamo creato. Vogliamo inoltre rafforzare ulteriormente le grandi cose che abbiamo escogitato per affrontare le sfide che abbiamo di fronte.

Questo può avvenire nel modo migliore attraverso l'utilizzo di un linguaggio comune che è utilizzabile in tutto il mondo. "Un linguaggio comune" non ha a che fare con una lingua parlata come l'inglese, la sola lingua che le persone usano per comunicare tra di loro; piuttosto, il linguaggio che viene descritto qui ha a che fare con le idee, il vocabolario, gli esempi e le conoscenze che sono comprensibili alla maggior parte delle persone, indipendentemente da ciò che viene utilizzato come lingua nazionale. Che questo linguaggio comune venga utilizzato tra individui o in organizzazioni e comunità, deve essere un linguaggio che le persone in tutto il mondo possano capire. Questa universalità del linguaggio sarà un trampolino di lancio per il grande beneficio in modo onnicomprensivo.

Un grande sforzo è stato fatto verso la scoperta di ciò che funziona in questo senso. Sono stati sviluppati dei training che trasmettono l'idea dell'intelligenza aperta a tutti in tutto il mondo, e i training sono stati resi comunemente disponibili in un linguaggio che può essere facilmente afferrato da molte, molte persone.

Sono stati sviluppati degli strumenti per le persone che potrebbero trarre beneficio dal loro utilizzo, ed è diventato evidente con l'esperienza che quegli strumenti funzionano dappertutto. Così, un gruppo impegnato di persone può rendersi disponibile a servire completamente chi viene naturalmente avanti e vuole adottare ciò che sta già funzionando.

Molto di questo è cresciuto dall'esperienza delle persone nell'avere a che fare individualmente con i propri dati. Esse sono arrivate a vedere che avere a che fare abilmente con i dati non è una questione spirituale o religiosa. Possiamo chiamarla così, ma più in profondità, è una questione umana. Il contesto attuale è quello della natura umana e della condizione umana ottimale, che è un contesto molto più ampio rispetto alla sola prospettiva spirituale o religiosa. Non appena l'intelligenza aperta viene messa in una determinata categoria, ad esempio religiosa o spirituale, meno persone possono essere interessate ad essa.

Quando troviamo qualcosa nella natura umana che è fonte di sollievo completo è importante attingere da ciò. Ciò di cui la società umana ha bisogno è ciò che è di beneficio immediato per molte, molte persone, non solo per alcuni.

RILASSARSI CON PENSIERI COINVOLGENTI

Quando permettiamo a tutto di essere a riposo nello stato fondamentale, l'intelligenza aperta che è inseparabile dallo stato fondamentale diventa sempre più evidente in ogni momento. Ma a che cosa somiglia esattamente?

Diciamo che avete un pensiero che porta ad un altro pensiero, che a sua volta porta ad un altro pensiero. Ad esempio pensate: "Oh, guarda che bella persona!". E questo è il primo pensiero. Poi il pensiero successivo è: "Oh, può essere che quella persona desideri me?". Poi viene il pensiero: "Magari potremmo stare assieme?". Ben presto cominciamo a immaginare di essere insieme a quella persona e le emozioni e le sensazioni associate a ciò. Attraverso questo processo, sviluppiamo un intero quadro descrittivo che segue dal pensiero iniziale di attrazione.

Se stiamo praticando brevi momenti di intelligenza aperta, ripetuti molte volte, quando quel pensiero iniziale sorge, possiamo rilassarci completamente e permettere al pensiero di scomparire come una linea tracciata nell'acqua. Quando vediamo che il pensiero scompare in sé e per sé, vediamo che ogni pensiero è libero di per sé in una intelligenza aperta che non è limitata o identificata con un individuo. È un'intelligenza aperta istintiva che compare nello stato fondamentale ed è inseparabile da esso. Lo stato fondamentale è la base di ogni singolo fenomeno.

Non possiamo rimanere inalterati dai dati esterni se prima non rimaniamo inalterati dai nostri dati interni. Esiste una parola meravigliosa per descrivere com'è rimanere completamente inalterati dai dati, e quella parola è "irremovibile". La parola significa che rimaniamo coraggiosamente incrollabili e senza paura di fronte a tutto ciò che sperimentiamo. Quindi, essendo irremovibili nell'affrontare i nostri dati, senza cercare di cambiarli in qualcos'altro, sapremo di non essere alterati neanche dai dati degli altri.

Questo è un cambiamento enorme perché passiamo la maggior parte della nostra vita reagendo ai nostri dati interni e ai dati esterni di persone, luoghi e cose. Quando siamo irremovibili nell'affrontare i nostri dati interni, diventiamo irremovibili nell'affrontare i dati esterni, qualunque essi siano.

È il frutto della nostra esperienza a insegnarcelo. È qui che semplicemente smettiamo, mettiamo i freni e diciamo: "Non mi lascerò più spaventare e confondere. Non mi permetterò di vivere nel terrore che ho creato io stesso". Parte di questo è ammettere che il terrore è stato creato da noi stessi.

A prescindere dalla nostra età, quando ci affidiamo alla nostra natura incrollabile, regaliamo a noi stessi il dono più grande. Questa intelligenza aperta e natura incrollabile è la base da cui vogliamo vivere. È l'unica base da cui possiamo fare scoperte incredibili che possono aiutare ad affrontare il grande dilemma in cui si trova il mondo adesso.

Dal nostro stato fondamentale di intelligenza aperta, non importa ciò che accade dentro di noi o intorno a noi, non lo vediamo nello stesso modo in cui lo vedevamo prima. Non importa quanto viscerali siano le emozioni, non importa quanto ci affliggano i pensieri, non importa quanto travolgenti siano le sensazioni corporee, non importa quanto estremo sia l'orrore della reattività a ciò che sta accadendo a livello globale, non possiamo vederlo come abbiamo fatto prima.

Se abbiamo la prospettiva della chiarezza, possiamo vedere immediatamente ciò che non funziona in tutte le attuali forme di indagine, organizzazioni e conoscenza, e non siamo ingannati da nulla. Per quanto forte possa essere la voce dell'autorità convenzionale, non siamo ingannati, ed è sempre in questo modo. Nel vedere chiaramente la natura dei nostri dati cominciamo ad avere un'enorme chiarezza su tutto quello che sta succedendo. Possiamo vedere cosa sta succedendo alle persone, ai luoghi o alle cose che incontriamo. Ciò non significa che raccontiamo a tutti la nostra capacità di farlo, ma che abbiamo un riconoscimento decisivo dell'intelligenza aperta per agire in modo saggio e benefico.

Se non siamo irremovibili, continueremo ad andare avanti con i sistemi di credenza di tutte le altre persone. Non riusciremo a vedere che siamo in grado di creare campi di conoscenza che non sono mai stati creati prima. Finché non siamo irremovibili nell'affrontare i dati, non riusciremo mai a vedere che possiamo andare oltre tutta la conoscenza attuale, che sia nella musica, nella scienza, nella matematica o quello che sia. Quando siamo irremovibili nell'incontro diretto con tutti i nostri dati, vediamo che siamo già a riposo nella conoscenza fondamentale di come stanno le cose.

"Essere irremovibili" non vuol dire che la nostra esperienza sarà in un certo modo. Non vuol dire che ogni piccola cosa che vediamo o con cui entriamo in contatto ci sembrerà rosea e bella. Vuol dire che qualunque sia la nostra esperienza risplende di brillante intelligenza aperta e che siamo irremovibili nell'incontro diretto con essa. Non ci vediamo più come vulnerabili o controllati dalla nostra esperienza.

È molto importante assumersi la responsabilità. Tu sei quello che sei. Nessuno ti può dare la tua vera natura e nessuno te la può togliere, ma puoi essere certo che ci sono persone che ti aiuteranno ad essere irremovibile nella tua esperienza di ciò.

LA SODDISFAZIONE ULTIMA

Tantissime persone sembrano essere felici nel deserto surreale dei dati, ed è proprio così. Anche noi abbiamo cercato di convincere noi stessi di essere felici lì! Una volta che decidiamo che qualcosa ci renderà felici, la prendiamo e passiamo un sacco di tempo a digrignare i denti e a dire: "Questo mi fa felice, so che è così!". Nel frattempo piangiamo dentro pensando:"Tiratemi fuori di qui!".

Ogni volta c'è qualche tipo di influenza seducente che ci attira a pensare che questa volta un dato ci renderà felici. Quando acquisiamo maggiore certezza nell'intelligenza aperta, vediamo che questo non è il caso, e non siamo più disposti ad andare lì. Sappiamo che non importa quanto seducenti i dati possano essere, non c'è davvero nulla lì. Quando riposiamo come lo spazio puro di tutte queste influenze seducenti, allora possiamo arrivare veramente a conoscerci al di là della seduzione e del divertimento. Che cosa è più importante: inseguire l'ennesima fantasia allettante, o acquisire familiarità e sicurezza in ciò che è completamente sostanziale nella sua insostanzialità?

Acquisendo certezza nell'intelligenza aperta quando siamo giovani ci salviamo da una vita in cui siamo sedotti da cose che non possono fornire alcuna soddisfazione. Le cose che pensiamo possano darci un qualche tipo di soddisfazione – relazioni intime, avere figli, fare carriera – non sono fonte di soddisfazione ultima. Forse abbiamo cercato di credere che ci stavano portando una soddisfazione ultima, ma dopo aver ottenuto la certezza nell'intelligenza aperta vediamo queste cose per quello che sono.

Che cosa è l'etica? L'etica è il nostro sistema morale volto all'esterno; è il modo in cui il nostro sistema morale interiore appare nel nostro comportamento. La maggior parte delle persone pensa che coltivare il proprio carattere in modo positivo sia l'epitome di ciò che un essere umano possa essere, ma non lo è. L'epitome di ciò che un essere umano può essere è la perfezione naturale, e il riconoscimento di quella perfezione naturale porta ad una spontaneità etica che nessun sistema acquisito di etica o moralità è in grado di fornire.

Quale sistema morale ed etico più grande potremmo avere del sistema morale ed etico dell'intelligenza aperta, che ci permette di essere di beneficio in tutte le nostre attività? Noi abbiamo profonda comprensione di tutti quelli che incontriamo, e questa è la base della vera compassione, della vera connessione e di una società umana che è davvero profonda e grande. Tutto questo viene dall'acquisire certezza nell'intelligenza aperta.

I nostri genitori, le scuole e le chiese ci potrebbero insegnare la differenza tra giusto e sbagliato, ma se conosciamo solo quegli ideali, vivremo sempre in un mondo di differenze. Ci sono pochissime persone che possono vivere all'altezza di quegli ideali; tuttavia, acquisendo certezza nell'intelligenza aperta possiamo scoprire la base della moralità ed etica spontanea. Questo è un modo molto migliore.

Alcune delle persone che hanno ricevuto il Training di Balanced View sono in prigione o addirittura nel braccio della morte. C'è una proliferazione incredibile di dati associati all'essere in prigione, ma molti di questi uomini sono molto maturi per acquisire la certezza dell'intelligenza aperta, perché non possono più usufruire della maggior parte degli antidoti che avevano nella loro vita prima della prigione. Il loro precedente mondo di antidoti ha cessato di esistere, compreso l'antidoto dell'attività criminale - se in realtà è questo quello che hanno fatto - così molti di loro sono molto veloci con il Training di Balanced View.

Molti dicono: "Wow, io sono in prigione, ma non mi sono mai sentito così libero". Nessuna quantità di training etici li ha mai fermati dal fare ciò che hanno fatto o permesso loro di capire veramente il loro comportamento, ma ora hanno naturalmente scoperto quell'impulso etico e morale dentro di sé. Solo la certezza nell'intelligenza aperta può aiutare ognuno di noi a capire perché facciamo quello che facciamo. Che siamo nel braccio della morte in un carcere di massima sicurezza o stiamo in giro liberamente nel mondo, dobbiamo avere l'intelligenza aperta per essere in grado di capire perché facciamo quello che facciamo.

L'INTELLIGENZA APERTA NEL SONNO E NEI SOGNI

La maggior parte di noi non ha mai pensato troppo sui sogni e sul sonno. Riteniamo che quando andiamo a dormire non siamo veramente coscientemente presenti e quando sogniamo avvengono cose di ogni sorta e noi non abbiamo alcun controllo su di esse. Tuttavia, acquisendo certezza nell'intelligenza aperta tutti i nostri dati, che siano durante la veglia, il sogno o il sonno, ci assistono nel vedere le cose come sono veramente.

Quando i dati, compresi quelli del nostro corpo e della nostra mente, appaiono nei sogni, sembrano essere reali ed esistenti in modo indipendente ma non lo sono. Forse in un sogno abbiamo passato delle esperienze orrende, ma in un altro sogno è accaduto qualcosa di grande; tuttavia, che si tratti di un sogno negativo o di un sogno positivo, essi sono altrettanto inconsistenti. Questo è un grande insegnamento che ci porta a vedere le nostre apparenze diurne con molto più discernimento.

Nascita, vita, morte, veglia, sogno e sonno sono un continuum di intelligenza aperta. Più istintivamente riconosciamo l'intelligenza aperta, più questo ci sarà chiaro e più avremo lo stesso tipo di comprensione delle nostre esperienze diurne che abbiamo dei nostri sogni.

Un modo per essere introdotti a questa comprensione è di mantenere l'intelligenza aperta quando andiamo a dormire. Mentre ti addormenti, nota che i dati diventano più sottili. Essi entrano in una dimensione più onirica, anche se sei sveglio superficialmente. Puoi ancora identificarti nell'essere sveglio anche se ci sono sequenze di dati che sono fantasmagoriche. Quello che hai identificato come il tuo corpo e la tua mente sta dormendo nel tuo letto, ma l'intelligenza aperta è ancora completamente sveglia, lucida e vivace. Questo è particolarmente convincente, perché la maggior parte di noi si è sentita molto impotente di fronte ai sogni e al sonno.

Invece di venire coinvolti nel descrivere i dati sottili o le immagini fantasmagoriche che si verificano in un sogno, il focus è sul mantenimento dell'intelligenza aperta. A quel punto c'è solo la lucida intelligenza aperta e basta. Potresti riconoscere che sei addormentato e potrebbero apparire delle immagini, ma sarai in grado di riconoscere che, anche se sei addormentato, sei consapevole. L'intelligenza aperta è consapevole del sonno e dei sogni. Nel sonno e nei sogni sei l'auto-manifestazione dell'intelligenza aperta.

Questa esperienza che hai di notte è anche molto convincente in termini di dati che hai durante il giorno. Ora hai trasmutato questi due stati di sonno e sogni nella loro vera chiarezza-natura di intelligenza aperta. Con questa comprensione non ti sentirai tanto influenzato dai dati che si verificano durante il giorno.

È importante riconoscere che questa pratica non è necessaria per acquisire certezza nell'intelligenza aperta. È una pratica molto convincente e autorevole, ma non è niente in cui coinvolgersi. La cosa più importante è identificare l'intelligenza aperta come il tuo stato essenziale di naturalezza per tutto il tempo.

Sezione Due
I Doni dell'Intelligenza Aperta

LIBERI DA ALTI E BASSI

CAPITOLO QUATTRO

RICONOSCERE LA TUA VERA NATURA

Tutte le apparenze sono apparenze di pura gioia. Sarei una persona davvero ridicola se dicessi una cosa del genere e non avessi la mia esperienza per corroborarla. Per ventotto anni ho avuto il grande privilegio di vivere in questo modo e sono passata attraverso ogni tipo di cose nella mia vita. Ho avuto persone nascere e morire, ho avuto gravi malattie, interventi chirurgici importanti, sono quasi morta, ho avuto ogni tipo di alti e bassi finanziariamente e tutti i diversi tipi di eventi nella vita che chiunque può avere. Eppure, la mia vita è una vita di pura gioia.

È così chiaro per me che la super-radiosità dell'intelligenza aperta illumina tutto. Come ho fatto a sapere che questo è vero? Ho preso una decisione ad un punto in cui ero stanca e stufa di essere stanca e stufa! Ero stanca e stufa di essere continuamente sulle montagne russe. Una volta che ho visto chiaramente che le cose che avevo imparato nella vita non funzionavano, è stato facile per me scendere dalle montagne russe.

Quando ero una giovane donna accadde una cosa violenta e inaspettata nella mia vita. Ero in grande pericolo e avrei potuto perdere la vita. Sono riuscita a venire fuori viva da quella situazione ma sono rimasta completamente traumatizzata con un'incredibile paranoia, terrore, smarrimento e orrore. Ovunque mi girassi non riuscivo a trovare nessun sollievo. Nessuna delle mie supposizioni filosofiche, spirituali, religiose e psicologiche era in grado di aiutarmi a trovare una via d'uscita.

Quando parlavo alla gente di ciò che stava succedendo, dicevano: "questo è estremamente difficile, ma anche questo passerà". Pensavo significasse che sarebbe andata meglio, ma non fu così, peggiorò. Non riuscivo proprio a trovare una via d'uscita da questo vortice di emozioni e pensieri intensi. Erano così evidenti in ogni singolo momento della mia esperienza, ed erano come un attacco che non poteva essere fermato. Mi sentivo impotente e senza speranza. Non c'era alcun sollievo da nessuna parte, nemmeno nelle cose ordinarie come mangiare una torta, prendere un martini, fumare marijuana o qualsiasi altra cosa. Nessuna delle strategie per rilassarmi o distrarmi mi aiutava.

Poi improvvisamente, in tutto quel terrore e turbamento, mi sono resa conto che tutti questi pensieri e quelle emozioni avevano lo stesso fondamento. Compresi anche che questo fondamento era di un sollievo completo. Riuscivo a vedere che avevo la scelta di venire agitata da qualunque cosa stesse succedendo o rilassarmi e godermela. Vidi che l'intelligenza aperta era l'essenza di tutte quelle apparizioni. Non importa quali fossero le apparizioni, esse erano alimentate dall'intelligenza aperta, che è l'essenza e il fondamento di tutto ciò che appare. Prima non sapevo che ci fosse qualcosa come il sollievo completo, ma in quel momento semplicemente apprezzavo il sollievo e sentivo e permettevo ai pensieri e alle emozioni di fare ciò che volevano.

Mentre mi rilassavo nella vasta espansione inconoscibile che è l'ordine naturale di ogni cosa, scoprii che c'è una chiarezza e un'intelligenza che sono al di là di ogni tumulto di pensieri ed emozioni. In ciò vi è un enorme potere e forza creativa. Questo è qualcosa di assolutamente indescrivibile. Più permettevo a questo grande sollievo di esserci, più mi sentivo libera.

Ero sempre stata portata ad essere una brava persona, ma non sentivo di essere stata in grado di raggiungere tale bontà nella mia vita. Tuttavia, in questo sollievo e riposo c'era una compassione naturale e la capacità di percepire, sentire e vedere come mai prima. Vi era una bontà che emanava naturalmente. Era incredibile per me.

Questa intuizione stupefacente era qualcosa che appariva nel flusso della mia mente in un modo completamente naturale e sapevo che questo sollievo era disponibile a tutti. Era chiaro per me che non c'era più nessun tornare indietro da questo sollievo che avevo trovato, anche se era qualcosa di cui non avevo mai sentito parlare da nessuno.

Improvvisamente mi sono trovata a poter fare ogni tipo di cose che non sono mai stata in grado di fare prima. Potevo creare ad un livello completamente nuovo che non mi era mai stato disponibile. Non sapevo nemmeno che fosse lì prima, perché ero completamente insensibile a ciò. Questo divenne molto interessante e convincente per me, e non c'era nient'altro che volessi sapere.

L'affidarmi a quell'intelligenza aperta mi permise di essere più creativa in modo molto pratico nella mia vita. Non ero più governata dai miei pensieri e dalle mie emozioni. Essi divennero sempre meno significativi per me, e non erano più le informazioni a cui mi affidavo. Scoprii che ero in grado di contribuire e di comprendere le cose ad un livello interamente nuovo che era completamente al di là dei vincoli convenzionali.

Da lì in poi riuscivo ad analizzare e a comprendere completamente tutto ciò che c'era in ogni singolo libro che prendevo. Riuscivo a vedere esattamente, in modo chiaro come la luce del giorno, come venivano generati i dati nell'autore e quali sarebbero state le conclusioni del libro. Questo era qualcosa che non ero in grado di vedere prima.

Era molto chiaro per me che c'era un'incredibile autorità in quello che avevo scoperto. Continuai ad affidarmi all'intelligenza aperta e dopo un pò l'intelligenza aperta era evidente continuamente e non avevo più bisogno di provare a fare affidamento su di essa. Ciò che era sempre stato lì in sottofondo senza essere notato, era ora riconosciuto in ogni momento. Una volta riconosciuta e riconosciuta ancora con diligenza ripetutamente, divenne una realtà ovvia.

In questo modo sono arrivata a vedere che tutte le descrizioni sono essenzialmente uguali, perché la loro essenza è l'intelligenza aperta. Se avessi cercato di capire tutte queste descrizioni e di decidere come stanno assieme, allora mi sarei persa in una spirale di descrizioni per sempre. Scelsi invece di fare affidamento sull'intelligenza aperta. Non importa quanta consolazione mi avessero portato il mio stato, la mia reputazione o il materiale e le circostanze sociali, essi non erano più di alcun conforto. Non avevo nessuna voglia di provare a produrre significato da essi. Ci avevo rinunciato e non lo volevo più.

Tutti i miei quesiti sull'intelligenza, la vita e il sé si sono definitivamente risolti in un unico momento. Era come se ogni pensiero, emozione ed esperienza che avessi mai avuto nella mia vita fosse passato attraverso il flusso della mia mente in un solo momento, e io potessi vedere che tutti avevano la stessa essenza. Mi convinsi che ci fosse un modo di vivere che non comportava essere governati da pensieri ed emozioni. Vidi anche che chiunque avesse scelto quel modo di vivere senza tempo sarebbe stato in grado di vedere che ogni cosa proveniva dalla propria consapevolezza. In verità, nella naturalezza rilassata dell'essere, tutto è un vero piacere!

NON PREOCCUPARTI, SII FELICE

Ci sono due massime con cui vivere: o "preoccupati e non essere felice" o "non preoccuparti e sii felice". Siamo arrivati nel caos del punto di vista credendo così tanto che i dati siano reali e che abbiano un qualche tipo di potere di influenzare come ci sentiamo. Qualsiasi cosa abbiamo creduto, noi possiamo fare un passo indietro, rilassarci e vedere cosa sta realmente accadendo. Da quella chiara prospettiva è molto più facile comprendere la natura della nostra vita. Siamo in grado di creare una vita potente in cui possiamo essere di beneficio a noi stessi e agli altri.

La spontanea, naturalmente presente realtà auto-perfezionata non può essere raffinata in alcun modo. L'idea che può essere raffinata, corretta, analizzata o assecondata è semplicemente un altro punto di vista. Perché gettare più dati nella miscela? Rilassatevi sappiate che non c'è bisogno di fare nulla.

Mentre vi rilassate, avrete una comprensione molto più chiara di come vivere una vita umana. Non importa quanto crediate di aver bisogno di correggere o commentare ciò che appare, affidatevi all'intelligenza aperta invece. Se per esempio appare la paura, potreste pensare: "Se non faccio qualcosa con questa paura, qualcosa di brutto potrebbe accadere. Se non ho un modo per capirlo, forse non funzionerà nel modo in cui voglio che funzioni". Piuttosto che andare con una tale storia, mantenete l'intelligenza aperta mentre la paura arriva alla piena fruizione. Il movimento della paura sviluppa il suo pieno potenziale come l'energia dinamica dell'intelligenza aperta, ma una volta che gli permettete di sviluppare il suo pieno potenziale, *boom*, svanisce spontaneamente senza traccia come una linea tracciata in acqua o come la scia di un uccello in cielo. Poi iniziate a poter vedere l'ovvietà dell'intelligenza aperta in tutte le situazioni. Non accadrà però se fermerete il suo processo in un punto qualsiasi o se vi perderete nelle vostre storie.

Facendo affidamento sull'intelligenza aperta la storia viene fermata e la tensione che normalmente si riverserebbe nella storia svanisce di per sé. Più riposate, meno impulso avrete di prendere a bordo qualsiasi storia. Vedrete che non vale la pena avere nessuna storia quando la paragonate ai benefici dell'intelligenza aperta. È una scelta molto semplice: "Voglio

45

essere felice o voglio essere preoccupato?". Facciamo la scelta di essere felici rilasciando la tensione della credenza nei dati.

UMILTÀ SUPREMA

L'umiltà non è uno stato di debolezza, è un luogo di forza. L'umiltà naturale dell'intelligenza aperta non è una questione di inferiorità, rassegnazione o sottomissione. Noi ci accettiamo come siamo, compresi tutti i nostri dati. In questo modo tutte le situazioni possono essere utilizzate per intensificare il riconoscimento dell'intelligenza aperta. Permettere che tutto sia così com'è senza dover creare compulsivamente una realtà è ciò che è la vera umiltà. Lasciamo che tutto sia auto-perfezionato come è fondamentalmente e utilizziamo ogni mezzo disponibile per farlo.

Quando siamo umili, siamo assolutamente disposti ad accettare aiuto, sapendo che non possiamo progredire ulteriormente. Anche se immaginiamo di essere speciali, siamo in realtà proprio come tutti gli altri fondamentalmente e davvero molto semplici nella nostra essenza. Un modo divertente per descriverci sarebbe sempliciotti! Siamo elevati come esseri di saggezza ma siamo elevati nella nostra semplicità. Noi non ci eleviamo diventando ricchi, famosi, ammirati o meglio degli altri. Essere totalmente semplici, questa è la strada da percorrere. È bello essere sempliciotti, davvero!

Ci rilassiamo semplicemente ed essendo sempliciotti troviamo il nostro vero potere. Essere sempliciotti significa che ci permettiamo di essere nudi con tutti i nostri dati. Potrebbe farci un po' di paura in un primo momento, ma grazie al potere dei brevi momenti i dati perdono rapidamente il loro potere di spaventarci.

Vogliamo quel tipo di maturità, perché ci sosterrà per il resto della nostra vita. È solo quando permettiamo che tutto sia *così* com'è che siamo veramente in grado di essere liberi di ogni cosa, e quindi possiamo davvero connetterci intimamente con tutti e tutto. Se non siamo onesti con tutti i nostri dati esattamente come sono, allora non saremo in grado di capire altre persone o essere veramente connessi ad esse.

Vivere la nostra vita sulla base dei dati è umiliazione, ma essere assolutamente veri con tutto così com'è di noi stessi è suprema umiltà. Questa è davvero suprema umiltà. In questa suprema umiltà ci connettiamo con tutto ciò che è.

LA VITA SENZA ALTI E BASSI

La vita senza alti e bassi è inconcepibile per la maggior parte delle persone. Eppure, la vita senza alti e bassi è la condizione naturale di ogni essere umano. Gli alti e bassi sono basati sul credere che pensieri, emozioni, sensazioni ed altre esperienze abbiano il potere di causare alti e bassi, ma questo è un equivoco fondamentale. Ciò che appare nell'intelligenza aperta non altera l'intelligenza aperta in alcun modo. Non importa ciò che appare, l'intelligenza aperta è incrollabile e inalterata.

Se potete riconoscere sempre di più l'intelligenza aperta, scoprirete chi siete veramente. Riuscirete a gestire tutte le situazioni senza impedimento e sarete in grado di fare cose che non avreste mai immaginato di fare o di raggiungere. Questo si verificherà naturalmente e senza sforzo per voi, semplicemente lasciando che la potente corrente di intelligenza aperta sia così com'è, senza bisogno di imporre descrizioni su di essa.

Ciò che è veramente necessario è una presa di posizione. Volete garantirvi uno stato mentale che non sia soggetto ad alti e bassi basato su eventi personali o mondiali. È importante garantirvelo perché la super-intelligenza che deriva dalla completa stabilità mentale ed emotiva vi permetterà di affrontare abilmente tutte le circostanze. Attraverso una profonda conoscenza, chiarezza e compassione saprete come meglio contribuire al mondo in modo benefico.

Dovete avere fiducia nel percorso in cui vi trovate. Se camminate a piedi lungo un sentiero e vedete che il sentiero vi porta esattamente dove volete andare, se inciampate su un sasso andreste avanti comunque. Non direste: "Oh, questo sasso è la prova che questo sentiero non porta da nessuna parte". Tenete d'occhio il premio. Se siete su un percorso e siete sicuri che vi porta dove volete andare, allora se inciampate su qualcosa lungo la strada, non avete bisogno di scoraggiarvi.

LA NOSTRA NATURA POTENZIATA

Potremmo trovarci in un rapporto offensivo che è fisicamente o emotivamente violento; potremmo vivere in un mondo che è lacerato dalla guerra e pieno di terrorismo; potremmo essere in un posto di lavoro insoddisfacente in cui non sentiamo alcun appagamento, un lavoro in cui ci sentiamo intrappolati ad essere lì per fare soldi, e tutti questi potrebbero essere modi di vederci vittime impotenti, incapaci di qualcosa di meglio, o no.

Quando ci affidiamo alla nostra natura potenziata, essa diventa evidente in noi e in tutte le nostre azioni. Quando una persona è potenziata e ravvivata dall'essere in contatto con la propria intelligenza aperta, non ha bisogno di dire una parola: basta guardare e vedere la chiarezza presente in quella persona. Quella persona entra in una stanza ed è sentite come... hm... qualcosa è successo! E cosa vediamo? Vediamo ciò che è molto fondamentale in noi quando vediamo una persona come quella.

Le qualità e le attività della vita che fluiscono dalla stabilità mentale ed emotiva sono eccezionalmente potenti. Esse sono potenti al di là dei più grandi poteri che vediamo attualmente mostrati in politica, affari, tecnologia o altre aree dell'impresa umana. Si tratta di poteri sconvolgenti, che cambiano davvero il modo di pensare e di vivere per il meglio in larga scala. Se vogliamo riconoscere quei poteri dentro di noi, non possiamo essere più vittime. Tutte le nostre idee di essere vittime di altre persone, luoghi e cose devono sparire.

SII GENTILE CON TE STESSO

L'intelligenza aperta si trova solo accettando i tuoi dati esattamente come sono, senza bisogno di cercare di essere qualcun altro. In qualunque modo i tuoi dati particolari appaiano, è così com'è. Non c'è niente da fare. Accettati come sei; sei tutto quello che hai!

Quando c'è un qualche tipo di collasso – grande o piccolo - in noi o con qualcun altro, è importante essere gentili. Nello stesso modo in cui ti sollevi quando scegli di avvantaggiarti dell'intelligenza aperta piuttosto che dei dati, puoi sollevare anche gli altri. Essendo gentile con te stesso e affidandoti all'intelligenza aperta, sarai in grado di sollevare gli altri ripetutamente, proprio come solleveresti te stesso.

Diventi compassionevole perché hai visto che sei come tutti gli altri. Piuttosto che cercare di immedesimarti in una sorta di modello di virtù, vedi come hai sofferto indulgendo nei tuoi dati e come gli altri hanno fatto lo stesso.

Abbandoni tutte le strategie, e ti vedi esattamente come sei. E' facendo questo che le persone più compassionevoli e amorevoli sulla terra sono diventate così: vedendo se stesse esattamente come sono. È lì che nasce la compassione. Devi essere in grado di raggiungere quel punto in cui ti rendi conto che tutto è l'auto-riflessione dell'intelligenza aperta.

LA SCOPERTA PIÙ GRANDE

Quando ero una giovane donna avevo molto successo inizialmente, ma non mi sentivo confortata da quel successo. Pensavo: "Wow, questo è davvero spaventoso perché mi stanno accadendo tutte queste grandi cose ma sento meno stabilità mentale come risultato". Riuscivo a vedere questo in me e non mi faceva stare bene.

Nei miei vent'anni lavoravo in una università dove ho incontrato molte persone competenti, e ho avuto modo di conoscerle e di parlare con loro della loro vita e delle loro idee. Queste persone scrivevano libri meravigliosi, ma dalle cose che sentivo su di loro o dal tipo di relazioni che avevano con gli altri, me compresa, potevo vedere che non sapevano davvero cosa stava succedendo. Anche questo mi spaventava perché pensavo: "Queste sono le persone che dovrebbero conoscere le risposte, ma non hanno risposte".

Non solo persi la fiducia nelle persone che avevo ascoltato e guardato come autorità, ma persi anche la fiducia nei metodi che stavano utilizzando. Pensai: "Questi metodi non hanno funzionato per nessuna delle persone che li hanno sviluppati, come potranno funzionare per me?". Abbandonai la fiducia nei metodi psicologici, psichiatrici, religiosi, spirituali e filosofici popolari. Anche se non ero fisicamente malata, ero in un dilemma molto simile a molte altre persone che stanno soffrendo. Mi chiedevo come avrei potuto passare il resto della mia vita, e quel pensiero mi spaventava molto.

Più mi sentivo sopraffatta da quello che mi stava succedendo, più mi sentivo disperata, più mi sentivo senza speranza, più mi sentivo impotente e più mi sentivo vittima e avevo bisogno che qualcuno mi salvasse. "Qualcuno dovrebbe prendersi cura di me e dirmi come farlo".

Le persone che incontravo sapevano come applicare antidoti alle situazioni; sapevano come indulgere nei pensieri, nelle emozioni, nelle sensazioni o esperienze, o evitarli o sostituirli con pensieri ed emozioni positivi, ma niente di tutto ciò funzionava per me. Mi sentivo insoddisfatta mentre applicavo tutti questi antidoti, e che fossero interni o esterni, gli antidoti non portavano nessuna risoluzione dello sgomento che provavo.

Raggiunsi un punto in cui rinunciai al mio diritto di essere vittima dei miei pensieri, delle mie emozioni, delle mie sensazioni ed esperienze, e ciò avvenne in istante! Improvvisamente vidi che tutte queste idee che avevo su ogni cosa, auto-generate o imparate da altri, sorgevano nello spazio fondamentale dell'intelligenza aperta. Vidi che nell'intelligenza aperta tutte queste idee sono assolutamente uguali. Questo era incredibile per me!

Uno dopo l'altro verificavo tutti i miei dati e vedevo che erano tutti uguali nel non avere una sostanza solida, e non potevo dire che fossero veramente collocati da qualche parte. Se avevo un pensiero sulla depressione, per esempio, non sembrava essere collocato da nessuna parte. Inoltre, se pensavo a me stessa come un individuo con un'identità individuale fissa, quel pensiero non era diverso dal pensiero sulla depressione o dal pensiero sull'amore. Tutti i pensieri su ogni cosa, non importa quali fossero, erano uguali.

Ho esplorato sempre di più quell'uguaglianza nella mia esperienza rilassando completamente la mia mente. Non ho chiamato quel rilassamento in nessun modo. Sapevo solo che quando mi rilassavo c'era un sollievo completo, e quando non avevo bisogno di avere una storia su tutto quello che succedeva, c'era completo sollievo. Non solo c'era completo sollievo, ma, momento dopo momento c'era un crescente potenziamento e un ravvivamento di qualcosa di assolutamente vitale dentro di me che sapevo mi avrebbe portato avanti. Non solo mi sentivo completamente potenziata, mi sentivo anche gentile. Sentivo gentilezza verso me stessa e sentivo una gentilezza e apertura naturale verso gli altri.

Anche se tutti venissero da me e mi dicessero: "Tu non sai di cosa stai parlando", non avrebbe importanza. Avevo capito di aver trovato tutto ciò che ognuno possa mai cercare nella vita.

Spesso sorge il pensiero: "Ho bisogno di adattarmi. Voglio essere riconosciuto e accettato dalla gente", ma a cosa stiamo cercando di adattarci? Potremmo aver cercato di adattarci alla nostra famiglia, ai nostri amici, nel nostro posto di lavoro, nella nostra comunità e così via, ma essere accettati da qualcuno di questi gruppi ci ha mai dato completa stabilità mentale ed emotiva?

Vogliamo adattarci e non essere ostracizzati, così ci conformiamo alla norma in un modo o nell'altro. Anche se combattiamo la norma e diventiamo anti-autoritari, questo è solo un'altro estremo di conformarci alla norma, credendo abbastanza in essa da voler ribellarci contro di essa.

Se cerchiamo di conformarci a tutto ciò che la nostra famiglia, gli amici, il posto di lavoro o la comunità si aspettano da noi, saremo tutti legati in nodi e frustrati, perché è un compito senza fine. Nel momento in cui pensiamo di aver raggiunto tutto ciò che gli altri vogliono da noi, ci sarà sempre la prossima cosa. Quindi, perché dovremmo andare avanti in questo modo?

Speculare su ciò che altre persone stanno facendo o pensando ci indebolisce molto e cercare di impostare le cose in modo da essere rispettati e piacere, wow, è estenuante solo a pensarci! È molto più divertente lasciare che le cose siano come sono, e poi ben presto scopriamo che tutto ha un senso di godimento e di piacere. Attraverso ciò vediamo veramente che abbiamo delle scelte. Non dobbiamo mantenere il ritmo frenetico di conformarci a qualcosa che è basato su opinioni.

Conosci te stesso, allora tutto ciò di cui hai bisogno per essere in relazione con gli altri sarà assolutamente chiaro. Sii a tuo agio e lascia che tutto riposi nel suo stato naturale. Cambierai il mondo proprio attraverso il modo in cui vivi la tua vita. Che contributo!

LA NOSTRA FELICITÀ INERENTE

La nostra felicità che si verifica naturalmente ha molto più da dirci che qualsiasi pensiero o emozione potrà mai. Noi siamo quelli che ci rendiamo infelici credendo che i nostri pensieri e le nostre emozioni abbiano qualcosa di importante da dirci, e dobbiamo assumerci la responsabilità di ciò. Anche se abbiamo dei pensieri e delle emozioni profondamente radicati, e molti di noi ce li hanno, l'unica liberazione da essi è nell'intelligenza aperta. La nostra felicità intrinseca è ciò con cui vogliamo acquisire familiarità, non con tutti i pensieri e le emozioni che sembrano descrivere l'infelicità.

La certezza nell'intelligenza aperta diventa più forte dei pensieri e delle emozioni, e vediamo che i pensieri e le emozioni sono semplicemente l'energia dinamica di quella intelligenza aperta.

Una delle idee estreme che molte persone hanno è: "L'intelligenza aperta può accadere agli altri, ma non accadrà a me". Ma quando quel flusso di dati appare, dove appare? Appare nell'intelligenza aperta. Che abbia a che fare con persone che vengono convenzionalmente descritte come veramente virtuose e belle o con altre che vengono descritte come totalmente cattive e orribili, ognuno riposa ugualmente nella perfezione naturale dell'intelligenza aperta.

GODERE APPIENO DELLA VITA

CAPITOLO CINQUE

UNA VITA DI ABBONDANZA, PACE E FELICITÀ

All'inizio della mia vita avevo un'idea di ciò che fosse possibile per tutti sulla terra, me compresa. Questa idea era che le persone potrebbero essere felici, gentili, generose e pacifiche e avere le cose necessarie: cibo, acqua, assistenza sanitaria, istruzione e reddito sufficiente così da poter vivere la vita in modo benefico per se stesse e per gli altri. Si tratta veramente di idee molto concrete e fondamentali su come vogliamo vivere la nostra vita. Cosa siamo disposti a fare? Vogliamo trovare il modo di creare un vero cambiamento?

Sentivo che, anche se tutti i miei amici e la mia famiglia mi dicevano che quello che stavo facendo era pazzesco, ciò non cambiava il mio intento. Ero talmente chiara dentro di me; non importa ciò che chiunque altro pensasse, nulla avrebbe cambiato il mio impegno a questa visione. Avevo una profonda convinzione che c'erano molte altre persone nel mondo che condividevano la mia visione. Vedevo ciò che era possibile ma avrei potuto avere solo quel sogno senza fare nulla al riguardo. Tuttavia, nel corso del tempo diventai gradualmente sempre più dedita a quella visione.

In primo luogo dovevo portare quella visione nella mia vita; non potevo semplicemente andare in giro dicendo a tutti gli altri come farlo. Affinché fosse autentica con gli altri, dovevo essere in grado di realizzarla in me stessa. Una volta realizzata in me stessa sentii che era il momento di beneficiare gli altri. A quel punto ero disposta a lasciar andare tutto il resto, e trovare una circostanza di vita che potenziasse la mia capacità di essere di beneficio. Sapevo che dovevo farlo onorando allo stesso tempo tutti i miei impegni e le mie relazioni precedenti.

Se vogliamo avere gli amici che abbiamo sempre voluto avere, vivere in circostanze che abbiamo sempre voluto e lavorare in circostanze che abbiamo sempre voluto, dobbiamo prendere un impegno per tutto questo. Dobbiamo dire: "Questo è quello che ho intenzione di fare. La mia vita è così adesso!". Punto, punto esclamativo, senza più il punto interrogativo. Ecco come avviene: prendendo un impegno. Una volta che prendi tale impegno, poi la certezza comincia ad affermarsi in te che hai fatto la scelta giusta. Ma devi prima prendere quell'impegno.

L'ENORME AMORE, CHIAREZZA ED ENERGIA DENTRO DI NOI

Noi abbiamo una scelta su come percepiamo le cose. Se ci vediamo come vittime dei nostri pensieri, delle nostre emozioni, delle nostre sensazioni ed esperienze, allora vivremo la nostra vita vittimizzando noi stessi e gli altri. Quando riconosciamo i brevi momenti, molte volte, vediamo come ci siamo resi vittime dei nostri dati. Nessuno ce l'ha fatto, e nessun evento drammatico o traumatico in se stesso è in grado di renderci vittime. Eravamo vittime perché abbiamo scelto di esserlo.

Non avremo nessun ben-essere finché ci riterremo vittime di ciò che ci sta accadendo. È assolutamente essenziale arrivare al punto in cui possiamo dire: "Wow, continuare a soffrire di tutti i miei pensieri, sentimenti ed esperienze miserabili non è necessario, e aver fatto così per tanto tempo è stato solo una mia scelta".

Potremmo continuare a vedere noi stessi come vittime impotenti e incapaci di qualcosa di meglio, ma questo è molto triste. È triste soprattutto perché gli esseri umani sono intrinsecamente potenti. Le qualità e le attività della vita che fluiscono da una mente stabile sono eccezionalmente potenti.

Sono poteri sconvolgenti che possono davvero cambiare il modo di pensare e di vivere delle persone su vasta scala.

Considerando che l'atteggiamento della vittima è di debolezza e di impotenza, l'atteggiamento di una persona che riconosce l'intelligenza aperta come la base di ogni cosa è di potere e disponibilità enormi. Eravamo alla ricerca di un po' di sollievo quando cercavamo rifugio nell'essere vittima di circostanze. Ma c'è un intrinseco sollievo di enorme amore, chiarezza, energia e bontà fondamentale che esiste dentro di noi e che non ha bisogno di essere cercato. Si trova in noi e in *tutti* i nostri dati. Questa è la più profonda di tutte le comprensioni.

L'unico modo per trovare quell'enorme energia è di permettere che tutto sia così com'è per brevi momenti, molte volte. I brevi momenti ci indicano la strada per la porta aperta che conduce alla nostra bontà fondamentale e, riconoscendo l'enorme potere dentro di noi, quella porta si spalanca.

IL POTERE DELLA NOSTRA VITA

Siamo molto più abili, più intelligenti e più potenti semplicemente riconoscendo l'intelligenza aperta. Non c'è nessun altro a cui guardare che possa darci questo tesoro; esso si trova in noi stessi e nella nostra esperienza.

Non c'è nessun momento di esperienza che possa essere trattenuto o respinto. C'è solo lo spontaneo auto-rilascio del qui-e-ora. Realizziamo che non c'è niente da fare; i brevi momenti che prendiamo sono solo brevi momenti della nostra già presente natura pacifica. Alla fine ogni cosa che abbiamo pensato viene consumata da grande, onnicomprensiva pace, amore e serenità.

Se siamo disposti a mettere da parte tutte le idee e affidarci ai brevi momenti, allora veniamo completamente liberati dalla necessità di cercare costantemente di cambiare le cose. Siamo in grado di permettere all'esperienza di fluire senza la necessità di manipolarla in alcun modo. Siamo in grado di permettere a tutti i pensieri e a tutte le emozioni di fluire senza la necessità di regolamentarli o acquisire autorità su di essi. Sappiamo, attraverso la nostra esperienza dei brevi momenti, che tutti i pensieri e le emozioni sono risolti istantaneamente senza alcuno sforzo.

Se stiamo cercando un segno di realizzazione, eccone uno buono: ci rallegriamo! Siamo liberati dall'ossessivo auto-coinvolgimento e dalla necessità di rendere la nostra esperienza diversa da ciò che è.

In brevi momenti entriamo veramente nel potere della nostra vita che ci spetta. Vogliamo utilizzare le nostre competenze per dare un contributo alla nostra famiglia, alla nostra comunità, alla nostra nazione e al mondo, e grazie al potere dei brevi momenti siamo in grado di farlo in modo molto decisivo perché il nostro contributo proviene dalla chiarezza. Questo è un potere che non può essere imparato da un libro o a scuola. Si può trovare solo nella nostra esperienza.

UNA VITA MERAVIGLIOSA

La tua vita può essere tutto quello che vuoi che sia. La tua vita può essere una circostanza di vivere senza sforzo, connessione senza sforzo, intimità e agio senza sforzo. Sappi che è vero. Tutto questo avviene grazie a brevi momenti ripetuti molte volte. È un tesoro di gemme che realizzano desideri.

Se crediamo a tutti i nostri pensieri, emozioni, esperienze e sensazioni –dati - allora non riconosceremo l'intelligenza aperta, e ignoreremo questa preziosa gemma di inestimabile valore. Questa preziosa base di ogni cosa, soddisfa tutti i desideri. Dal primo momento dell'acquisire certezza nell'intelligenza aperta, vediamo che questo è davvero qualcosa di unico e speciale, e questo è ciò che ci attrae ripetutamente.

Più familiarità acquisiamo con la nostra identità come pura, libera intelligenza aperta, più saremo interamente benefici in ogni momento senza cercare di farlo. Questo non richiede alcuno sforzo; è solo un impulso naturale sincero che è incontenibile e fluisce sempre liberamente.

Più ci affidiamo all'intelligenza aperta, più la nostra vita sarà facile in ogni aspetto. Se cerchiamo di complicarci la vita con tante altre cose, sarà solo complicato con tutte quelle altre cose! Sappi che il training dei brevi momenti molte volte è sempre disponibile. Con un impegno al cento per cento è garantito che diventi continuo in ogni momento.

INTELLIGENZA PODEROSA

Spetta a ciascuno di noi vedere che la nostra condotta è sussunta nella condotta suprema dell'intelligenza aperta. Quando ogni condotta è sussunta in quella suprema condotta del riconoscimento istintivo dell'intelligenza aperta, allora viviamo in un modo morale ed etico senza seguire nessuna autorità etica o morale. Questa è la meta-morale o meta-etica che è alla base di tutto.

L'intelligenza aperta sostituisce le nozioni di buono e cattivo, dovere e non dovere. Condotta ideale significa riconoscere che l'intelligenza aperta è la base del flusso di tutte le percezioni. In senso pratico, piuttosto che cercare di comportarci in un certo modo, riconosciamo semplicemente l'intelligenza aperta.

La condotta e colui che la conduce sono inseparabili. Quando cerchiamo chi è impegnato nella condotta e chi si astiene dalla condotta, non troviamo nessuno da nessuna parte. La nostra ricerca di condotta corretta si esaurisce. Ora continuiamo in modo rilassato, vedendo nudamente dall'interno. Ci affidiamo all'intelligenza aperta piuttosto di cercare di capire tutto in base ai dati.

FELICITÀ ULTIMA

Se guardiamo profondamente nella nostra esperienza, possiamo vedere che l'ottenimento delle cose che molti di noi hanno cercato - denaro, potere, prestigio, relazioni - non ha mai portato la felicità ultima. Non importa quanto ne abbiamo di essi, in qualche modo non ci è mai sembrato esattamente giusto. Anche se abbiamo trovato il lavoro perfetto, la macchina perfetta, il partner perfetto, il cibo perfetto, la vacanza perfetta, il luogo perfetto per vivere, niente di tutto ciò garantirebbe la nostra felicità.

Possiamo vedere semplicemente guardandoci attorno che avere tutte queste cose non porta le persone alla piena felicità. Per di più, ci possono essere persone che non hanno nessuna di queste cose e che sono luminose e brillanti e totalmente felici. Quindi, non possiamo dire che un particolare dato abbia a che fare con la nostra felicità ultima.

Può essere che siamo sani, prosperi e sicuri, ma le nostre circostanze fisiche potrebbero cambiare in qualsiasi momento. Questo è vero per il nostro corpo fisico e per tutte le altre circostanze nella nostra vita. Non una sola cosa è permanente. Anche se avessimo tutte le cose che abbiamo desiderato, sappiamo che in qualsiasi momento potrebbero esserci strappate via. Di conseguenza, vi è una sensazione di ansia sottostante perché sappiamo che non potremo mai completamente avere fiducia nelle cose che acquisiamo. Potremmo continuare a cercare di ottenerne sempre di più ma l'ansia sottostante non ci lascerebbe.

Non ci sarà mai un momento in cui tutti i nostri dati saranno a posto, tranne che nella completezza totale del qui e ora. La vera stabilità e la vera fiducia si trovano solo nell'intelligenza aperta, che è la base di tutto. La chiarezza cristallina di ciò che si auto-rilascia spontaneamente e che non potrà mai essere afferrato, catturato o misurato è ciò che ci darà la piena soddisfazione che cerchiamo.

Se ci sentiamo persi, confusi e depressi, dobbiamo solo affidarci all'intelligenza aperta. Ci affidiamo a ciò che sta vedendo la confusione e la perdita. La confusione e ciò che vede la confusione, la depressione e ciò che vede la depressione, il sentirsi persi e ciò che vede il sentirsi persi, sono tutti inseparabili. Il vedere è altrettanto nel disturbo e nel non disturbo.

RILASSATI E GODITI LA VITA

Quando abbiamo portato a compimento tutto e non abbiamo più bisogno di nulla e non c'è più niente che abbia presa su di noi in alcun modo, allora arriviamo alla completezza assoluta.

Quando ci fermiamo per un momento a considerare la nostra vita, quanto di essa è trascorsa correndo da un'esperienza all'altra sperando di trovare un qualche tipo di conforto? Ad esempio, ci alziamo la mattina, e diciamo che ci sentiamo annebbiati e mezzo addormentati, così corriamo per una tazza di caffè o qualche altro tipo di tonificante per cambiare ciò che sentiamo. Poi guardiamo le persone intorno al tavolo della colazione; potremmo cominciare a pensare ai loro difetti o perché non vogliamo essere lì con loro in quel momento; o cominciamo a sentirci in colpa perché ci siamo messi a pensare ai loro difetti e a non voler stare con loro e cerchiamo di alleviare quel senso di colpa essendo gentili con loro.

Poi andiamo a lavorare, e dobbiamo affrontare la varietà selvaggia e confusa di diverse personalità che troviamo lì. Spesso ci sentiamo deboli e impotenti di fronte alle sfide che abbiamo sul posto di lavoro. Durante il giorno pensiamo a qualche stato piacevole che non ci coinvolga nello stato in cui siamo attualmente, così cominciamo a pensare a come sarà quando finiamo di lavorare. Poi pensiamo a come sarebbe bello se potessimo ritirarci!

Alla fine della giornata finiamo di lavorare ma le cose non sono ancora come speravamo che fossero, così pensiamo: "Mi faccio un drink o fumo uno spinello, guardo la TV o vado al cinema, provo quel nuovo ristorante". Poi, naturalmente, c'è sempre il sesso. Quando nient'altro funziona, posso sempre far ricorso al vecchio metodo per trovare un momento di pieno sollievo. Per tutto il tempo cerchiamo la prossima esperienza che ci farà sentire meglio. Oddio!

La cosa migliore che possiamo fare per noi stessi è vivere la vita con una dedizione al cento per cento all'intelligenza aperta. Fino a quando non iniziamo a vivere come intelligenza aperta, avremo tantissime aspettative su come la vita debba cambiare. Ma quando saremo dediti all'intelligenza aperta, avremo sempre meno bisogno di affidarci al cercare di cambiare le cose.

Quando il bisogno di cambiare noi stessi e le nostre circostanze è completamente risolto e non vi è più una particolare attenzione su se stessi, allora vediamo che l'esistenza focalizzata su se stessi non è mai stata nulla di fisso o solido. Riconoscendo il nostro essere naturale benefico, l'auto-ossessione che una volta era così prevalente non è più reperibile, e il desiderio di essere di beneficio si riversa in modo molto naturale.

Per favore rilassati e goditi la vita. Non picchiarti con tutte le descrizioni che hai imparato su ciò di cui hai bisogno o su ciò che devi essere. Quando certe idee affiorano: "Oh, sono disoccupato, sono impiegato; ho successo, non ho successo; ho bisogno di cambiare questo, ho bisogno di cambiare quello" rilassati e vedi che tutto è *così com'è* e che non c'è nulla da cambiare.

INTELLIGENZA ISTINTIVA

Possiamo affidarci al riconoscimento istintivo dell'intelligenza aperta, indipendentemente dal fatto che ci descriviamo come intelligenti o stupidi. Qualunque sia il nostro livello relativo di intelligenza, possiamo darci accesso a questa intelligenza istintiva che è al di là delle etichette di "intelligente" e "stupido". Tutti i mezzi che abbiamo per testare la nostra intelligenza convenzionale si basano su dati, fenomeni temporanei a cui non potremo mai aggrapparci.

Perché affidarsi a un tipo di intelligenza che va e viene? Perché non affidarsi all'intelligenza istintiva permanente che è fondamentale per noi? Affidandoci a quella intelligenza fondamentale avremo l'astuzia, per così dire, di gestire ogni cosa non importa in che stadio della vita ci troviamo. Anche se le nostre capacità intellettuali diventano più opache quando invecchiamo, l'intelligenza aperta sarà sempre brillante. Quindi, perché affidarci a qualcosa che è limitato e che non ci porterà avanti nella nostra vita? Affidatevi a ciò che non cambierà mai.

AGIRE IN MODO POTENTE NEL MONDO

Come possiamo imparare ad agire in modo potente nel mondo? Brevi momenti, molte volte. Senza questo svolazzeremo in giro con comprensione limitata, e non saremo in grado di sottrarci dall'avere reazioni emotive a situazioni che ci porteranno fuori strada in molte direzioni. Ma, se ci daremo del tempo per stabilizzarci nella chiarezza dell'intelligenza aperta e di acquisire una fiducia incrollabile e inamovibile, allora staremo bene. Non dovremo chiederci che cosa fare, perché sapremo sempre cosa fare.

Questo non significa che andremo in giro con un grande sorriso sul nostro viso agendo come una sorta di teneroni; no, la saggezza può anche essere molto adirata. Ma c'è una grande differenza tra la compassione irata dell'intelligenza aperta e arrabbiarsi, esplodere, andare fuori controllo e dire tutto quello che vuoi. Questo tipo di risposta non ha nessuno scopo benefico; fai male a te stesso e fai male agli altri. La compassione adirata è sempre motivata da amore e saggezza, e il destinatario, se è aperto e ricettivo, riconoscerà che è motivata da amore e saggezza.

Quando ti stabilizzi nella chiarezza dell'intelligenza aperta, hai un'incredibile potere di vedere ogni tipo di cose che non vedevi prima. Pensaci in questo modo: puoi vedere contemporaneamente in tutte le direzioni! Puoi vedere tutto ciò che sta accadendo, che sia nel tuo spazio fisico o no, e puoi anche vedere che risultati avrà. L'intelligenza aperta è senza tempo, quindi non solo potrai vedere ciò che sta accadendo ora, ma potrai anche vedere come alcune cose porteranno ad altre cose se continueranno ad andare in quel modo.

Dalla chiarezza dell'intelligenza aperta, non sei più legato a costrutti convenzionali. Se sei un ambientalista, un medico, un ingegnere, un fornaio o qualsiasi altra cosa ti capita di essere, avrai una prospettiva interamente diversa rispetto a una persona senza questa conoscenza, non importa quanto brillante possa essere quella persona. Dalla prospettiva della chiarezza avrai un potere che semplicemente non è presente se non vi è alcuna certezza nell'intelligenza aperta.

Una volta che non c'è nessuna gabbia di speculazione intellettuale convenzionale su come risolvere i problemi, allora si apre ogni genere di nuovi modi di guardare ai problemi. Se hai dei problemi scottanti che sono davvero importanti per te, allora vuoi agire dalla chiarezza che proviene dalla certezza nell'intelligenza aperta. Non vuoi agire sulla base dei dati.

C'è un potere enorme nella pratica dei brevi momenti, molte volte, perché non si fonda su una sorta di stato astruso o astrazione su chi siamo. La responsabilità finale è in ognuno di noi e in ciò che è proprio qui, in nessun altro luogo. Finché cerchiamo qualcosa, cerchiamo di uscire dal qui-e-ora in qualche modo, ma il qui-e-ora è veramente tutto ciò che abbiamo.

LA NOSTRA VERA IDENTITÀ

CAPITOLO SEI

LA NATURA DELL'ESSERE UMANO

C'è molta confusione sulla natura dell'essere umano e sulla natura dell'esistenza complessivamente. Una conoscenza fondamentale di ciò che siamo è direttamente correlata ad una conoscenza fondamentale della natura dell'esistenza, perché fondamentalmente siamo inseparabili dalla natura dell'esistenza stessa.

La natura dell'esistenza e la natura dell'essere umano sono una cosa sola, e non capire l'una è non capire l'altra. Noi abbiamo un solo modo di sapere che esistiamo ed è attraverso l'intelligenza aperta. Infatti, senza l'intelligenza aperta non avremmo nessuna conoscenza della nostra esistenza. Siamo stati addestrati a credere che è la nostra mente che sa; tuttavia, la mente non è davvero una cosa. Invece, è un'astrazione e uno schema descrittivo che è noto solo grazie alla consapevolezza.

Molti insegnamenti dicono che ognuno è già libero, ma poi sostengono che l'individuo è imperfetto e deve essere corretto. Questo è davvero contraddittorio e piuttosto spiacevole, perché non c'è nessuno che debba essere corretto.

COS'È CHE GUARDA?

Quando guardiamo attraverso i nostri occhi, che cosa è esattamente che sta guardando? Se uno cerca ciò che sta guardando, la conclusione non è così definitiva come i libri di testo di psicologia potrebbero raccontarci. Ciò che guarda, guarda sempre. È impossibile che non guardi. Quando cerchiamo questo guardare non troviamo nulla. Quando cerchiamo dentro di noi ciò che guarda, non possiamo davvero dire dove si trovi.

Il nostro guardare è infatti il guardare di ogni cosa; non è il guardare di un individuo isolato. Se ci conoscessimo solamente come un'identità individuale, allora potremmo dire: "Oh, sì; la mia identità individuale è situata qui, dentro di me. Questo è ciò che sono. Sono io che sto guardando fuori al mondo". Tuttavia, non c'è in effetti nessun individuo. La nostra identità non è fissata dal consolidamento di fattori della nostra storia personale: la memoria, le persone, i luoghi e le cose che abbiamo conosciuto o le azioni che abbiamo intrapreso nella nostra vita.

Se ci rilassiamo e lasciamo che il guardare sia così com'è, tutta l'idea che il guardare avvenga all'interno del confine di pelle di una singola persona si dissolve. Se cerchiamo ciò che guarda, non troviamo in realtà nulla di specifico o sostanziale. Quello che troviamo è purezza, perfezione naturale e un vuoto vitale che non può essere localizzato da nessuna parte all'interno del nostro confine di pelle. Guardare fuori da ogni fenomeno è lo stesso guardare. Un nome per questo guardare è intelligenza aperta; è l'intelligenza aperta che guarda. Non potremo mai isolare un'identità eccetto la nostra identità di intelligenza aperta.

Viviamo in un mondo di immagini, ma ancora più importante, viviamo *come il* guardare che vive in ognuna di quelle immagini. Non c'è un guardare separato dall'immagine che appare; il guardare è nell'immagine, e l'immagine si verifica nel, del, come e attraverso il guardare. Questo è molto importante da capire.

VERA LIBERTÀ

Siamo addestrati dalla più tenera età ad essere un'identità individuale e che questa identità è fondamentale per noi. Le persone ci danno varie descrizioni di noi stessi, come per esempio: "Sei un ragazzo, il tuo nome è questo o quello e provieni da questo tipo di famiglia", e noi ci crediamo. Una dopo l'altra tutte queste idee si accumulano in una personalità, e ci aggrappiamo tenacemente a queste idee perché non conosciamo nient'altro. I nostri genitori ci dicono tante cose, e apprendiamo di noi stessi anche dagli altri, e iniziamo a decidere chi siamo utilizzando queste descrizioni per formare un'identità.

Ma è molto più facile non dover sembrare di essere niente! La libertà è il completo rilascio dall'aggrapparsi a un punto di vista, in modo da non dover mantenere delle credenze su chi siamo. Se siamo veramente fortunati, le circostanze della nostra vita si svolgeranno in modo che saremo costretti a non vederci più come un'identità personale, a non vederci come una persona con una buona reputazione o una cattiva reputazione e a non vederci come dati positivi o negativi. Questo è ciò che ci dà la libertà che è al di là di tutti i limiti convenzionali, e questa è l'unica vera libertà che ci sia.

Non c'è mai una vera libertà in ciò che richiede un supporto descrittivo. Che ci vediamo come buoni, cattivi o neutri, o che gli altri ci vedano come buoni, cattivi o neutri, tutti questi non sono altro che dati, e nessuno di essi è minimamente un esercizio utile.

Anche se pensiamo che le descrizioni sulla nostra vita costituiscano la nostra identità, in effetti non lo saranno mai. Sappiamo che tutto ciò che crediamo costituisca la nostra identità ci può essere strappato via, e questo è il motivo per cui abbiamo un'ansia sottostante che le cose potrebbero non essere del tutto giuste. Non possiamo contare sul dato della nostra identità personale, proprio come non possiamo contare su nessun altro dato.

Anche se consolidassimo ogni sorta di fattori che riteniamo necessari alla nostra identità - denaro, potere, prestigio, persone, luoghi, cose, cibo, esperienze sessuali giuste - non ci fideremmo mai completamente di essi e continueremmo a cercare di più. Ci sarà sempre l'ansia sottostante: "Non va ancora del tutto bene. Ho bisogno di qualcos'altro perché vada bene".

Molti di noi, hanno avuto il progetto permanente di riabilitare il proprio ego al fine di renderlo un ego migliore. Come risultato, abbiamo essenzialmente trascorso tutta la nostra vita in riabilitazione, per così dire, e anche tutti gli altri sono praticamente in riabilitazione! Quando tutti sono più o meno in riabilitazione, questa è una situazione spaventosa.

Divenire veri con chi siamo non significa capire la nostra personalità, le nostre nevrosi, i nostri disturbi o il nostro tipo di personalità. Tutti questi sono solo dati, e ciò li rende facili da affrontare. Se siamo preoccupati per il nostro ego dobbiamo ricordarci che, quando appare, è solo un dato che appare nell'intelligenza aperta. Questo è tutto.

Non c'è nulla che sia mai stato solidificato o reso in qualcosa. Chiunque ci dica che abbiamo un ego è completamente fuori rotta. Grazie al potere dei brevi momenti di intelligenza aperta, ripetuti molte volte, allentiamo la presa da questa identità che abbiamo creduto di essere.

Non c'è mai un momento in cui si riuniscono tutti i dati corretti se non nella frazione di secondo del rilascio del qui-e-ora. Quello è il momento ideale della congregazione di tutti i dati: la totale, pura, presenza lucida. La chiarezza cristallina di ciò che si rilascia spontaneamente non può mai essere afferrata, catturata o misurata. È sempre incommensurabile, sempre sfuggente, sempre pura.

IL GRANDE RILASSAMENTO

Ventotto anni fa capii di aver riposto una grande fede nell'essere un "qualcuno" che poteva controllare cosa stava succedendo dentro di sé, e che poteva riunire vari strumenti intellettuali, spirituali e psicologici e riuscire a gestire le cose. Aspiravo a organizzare e a ordinare il mio mondo perfetto, e volevo tenere a bada tutti i miei pensieri, le mie emozioni, le mie sensazioni ed esperienze, ma ciò non successe mai! Più cercavo di organizzare la mia vita e metterla in una sorta di ordine, più disorganizzata e disordinata diventava, e riuscivo a vedere che i miei sforzi non portavano da nessuna parte.

Volevo essere qualcuno nel mondo, ed ero abbastanza brava ad essere qualcuno. Qualunque cosa avessi pensato di poter desiderare, ce l'avevo. Avevo un marito meraviglioso, dei figli splendidi, una carriera meravigliosa, un sacco di soldi ed ero in grado di comprare tutto quello che volevo e andare ovunque volessi andare, ma tutto ciò non mi aveva assolutamente portata da nessuna parte.

Poiché riuscivo a vedere che non mi stava portando da nessuna parte, mi sentivo senza speranza e disperata. Pensai: "Cosa succederà qui? Tutto quello che mi è stato detto che avrebbe funzionato per fare di me una persona felice, non mi ha reso felice. Non mi sento matura, e non mi sento in grado di vivere il resto della mia vita". Guardavo nei decenni davanti a me, e mi sembrava decisamente preoccupante.

Iniziai ad esaminare me stessa e la natura della mia esperienza. In quel periodo avevo moltissimi pensieri ed emozioni molto preoccupanti relativi ad alcune cose che erano successe nella mia vita, e non c'era nessun modo per riuscire a fermare queste emozioni e questi pensieri preoccupanti. Essi continuavano a venire in grandi ondate, uno dopo l'altro. Poiché era senza speranza cercare di fermarli dal venire, a un certo punto raggiunsi un livello di disperazione in cui finalmente pensai: "Mi arrendo; non posso farci niente".

La cosa sorprendente è che quando mi rilassavo, provavo un grande sollievo. Quando provavo questo grande sollievo, mi divenne chiaro che c'era qualcosa in me con cui non avevo familiarità, e qualunque cosa fosse, era la base della mia intera esistenza. Vidi che l'idea che ci fosse qualcuno in controllo era una finzione. Per quanto potessi pensare che c'era qualcuno, non c'era nessuno lì!

Che ci fosse il pensiero di "qualcuno lì" o "nessuno lì", era presente un grande sollievo nella totalità dell'esperienza. Questo è un sollievo che è naturalmente sempre presente, indipendentemente da come immaginiamo di essere. Né l'idea di "nessuno lì", né l'idea di "qualcuno lì" è quello che vogliamo. Noi non vogliamo una sorta di stato vuoto senza ego quanto non vogliamo l'idea di qualcuno lì. Quello che vogliamo veramente è di sperimentarci come siamo veramente, e ci sperimentiamo come realmente siamo nell'intelligenza aperta.

Per me gli stati di disturbo erano predominanti in un primo momento, ma riuscivo a vedere che questi stati apparivano e scomparivano in completo sollievo e rilassamento. Non dovevo fare nulla con essi. L'idea di sentire che avevo bisogno di fare qualcosa con essi mi aveva tenuta aggrovigliata nei nodi, ma vedevo che si auto-liberavano, si auto-rilasciavano e si risolvevano spontaneamente in questo senso di grande sollievo che era alla base di tutto. Ripetutamente, per quanto potessi, tornavo per brevi momenti a questa base di tutto.

Con la mia dedizione totale a ciò, fin dall'inizio, molto rapidamente, cominciai ad acquisire fiducia e chiarezza. Era una chiarezza che non poteva davvero essere descritta: ero solo più intelligente in qualche modo! Ero più intelligente in relazione a me stessa ed ero più intelligente in relazione a tutte le situazioni in cui mi trovavo. Avevo una tranquilla ma anche penetrante conoscenza che era alla base di tutto. Mi ero sentita infelice a causa di questi stati inquietanti, ma ora li sperimentavo come apparenti in un grande senso di sollievo e di rilassamento. Questo è ciò che intendo per una tranquilla ma anche penetrante conoscenza. È una conoscenza molto chiara, una assoluta chiarezza sulla natura di ciò che siamo.

Quando questo divenne più evidente in me, divenne anche chiaro che ognuno è esattamente lo stesso. Questo grande sollievo, questo grande rilassamento dei brevi momenti ripetuti molte volte è semplice, chiaro e direttamente accessibile a tutti. È fondamentale e basilare per l'esperienza di tutti.

COMUNITÀ UMANA GLOBALE

È importante capire che la maggior parte di noi è stata educata dalla famiglia, dalle scuole e dall'ambiente in un modo che è del tutto fuori posto, e noi abbiamo scelto attivamente di adottare le informazioni che ci sono state donate. Abbiamo imparato ogni tipo di cose: per esempio che la nostra identità si basa su un passato, un presente e un futuro e che la totalità di tutti i nostri punti di vista - passato, presente e futuro – costituisce la nostra identità. Sentiamo idee sulla psicologia, sulla scienza, e altre cose, e accettiamo queste cose come vere, ma la nostra vera identità non potrà mai essere pienamente compresa da schemi descrittivi.

Solo quando comprendiamo che abbiamo elettivamente assunto queste informazioni possiamo anche sentire che siamo potenziati a cambiare il nostro rapporto con esse. Se diciamo che qualcun altro ci ha educati impropriamente e diamo la colpa di ciò a istituzioni o persone, allora ci stiamo ponendo automaticamente in una posizione di debolezza e di impotenza. Stiamo incolpando le persone e le istituzioni che ci hanno imposto quelle idee che ci hanno fatto fare quello che stiamo facendo; tuttavia, è essenziale non considerare noi stessi vittime di azioni di altre persone.

Ci siamo affidati ad autorità educative, governative, religiose, mediche e spirituali per farci dire ciò che è vero della nostra identità. Abbiamo semplicemente accettato qualunque cosa ci sia stata detta da diverse figure di autorità. Invece di affidarci a queste autorità, dobbiamo comprendere chiaramente la natura della nostra identità sulla base della nostra esperienza di tale identità. In qualunque modo sia avvenuto il processo di sviluppo per noi, adesso abbiamo il diritto di scegliere un processo di sviluppo diverso.

Per la prima volta nella storia umana, grazie a Internet e alle forme avanzate di telecomunicazione, c'è una grande ricchezza di informazioni disponibili che non può essere controllata dalle autorità. L'idea di affidarsi a strutture di autorità sta collassando e la società umana sta cominciando a riconoscere il proprio potere unificato. Quando riconosciamo il nostro potere unificato, allora possiamo organizzarci per il cambiamento come una comunità umana globale basata sull'intelligenza aperta e non su credenze convenzionali e strutture di autorità.

ENORME ENERGIA E VITALITÀ

Vogliamo tutti in qualche modo apparire originali e unici, ma l'unica vera unicità è l'unicità della perfezione naturale dell'intelligenza aperta. Se vogliamo portare unicità e originalità alle nostre passioni e interessi nella vita, ciò può venire solo dall'avere completa familiarità con l'intelligenza aperta. Da quella prospettiva possiamo contribuire in modo incredibile che semplicemente non è possibile basandosi sui punti di vista.

Quando permettiamo il sollievo e l'agio dell'intelligenza aperta, abbiamo un'energia e una vitalità tremende. Siamo una fonte agevole e senza sforzo di energia, amore e chiarezza che non viene mai coinvolta in convenzioni di alcun tipo. Essa si lascia dietro ogni tipo di convenzione, non importa quanto consolidata possa essere quella tradizione.

C'è una comprensione completa di tutte le descrizioni convenzionali e un'abilità a operare al loro interno con grande facilità, senza alcun bisogno di affidarsi esclusivamente ad esse.

Che cosa c'è al di là di tutti i sistemi, tutti gli approcci, tutti i metodi e tutte le pratiche, diventa chiaro attraverso l'acquisizione della nostra familiarità con l'intelligenza aperta in modo molto diretto e chiaro.

Qualunque siano i nostri dati, essi sono la base per la nostra realizzazione dell'intelligenza aperta. Quando non siamo più limitati dai nostri dati diventiamo una fonte di beneficio immediato per noi stessi e per gli altri. Non abbiamo più bisogno di affidarci ad altre persone che aggiustino le cose per noi e non ci lasciamo coinvolgere fino ad appesantire le altre persone per quello che ci è successo nella vita.

Non ci sono espedienti o trucchi, metodi o pratiche che siano necessari, a ognuno di noi è dato ciò di cui ha bisogno. La saggezza che fluisce risponde naturalmente in modo molto diretto e amorevole a ogni singola persona. Con le parole pronunciate e l'energia presente, ogni persona si sente di ricevere una risposta in modo profondamente personale. Quando sappiamo chi siamo, abbiamo la capacità di amare gli altri incondizionatamente. Questo è veramente incredibile, ma è quello che il completo amore totalmente aperto è. Non c'è mai niente altro che sia necessario per vivere.

AFFIDARSI ALLO STATO FONDAMENTALE

È così comune volersi distinguere in qualche modo e anch'io mi sono impegnata in questo genere di cose. Quando ero una giovane donna mi sono affidata alla mia presunta bellezza e ho ricevuto molta attenzione attraverso di essa, ma a un certo punto ho capito che era un vicolo cieco. Affidarmi alla bellezza non mi avrebbe mai dato nessun tipo di benessere permanente.

Cercare di renderci desiderabili o attraenti agli altri è semplicemente un modo di illuderci su chi siamo veramente. Perché affidarsi a tutte queste idee sull'essere attraenti? Invece, affidatevi allo stato fondamentale. Lo stato fondamentale chiarisce tutta la confusione e abbiamo una totale obiettività, che è discernimento chiaro e cristallino su tutto ciò che appare. Non siamo più coinvolti nei progetti del sé personale, poiché abbiamo trovato che la nostra vera identità non è il sé personale, ma lo stato fondamentale.

Così, quando sorge la voglia di proseguire su una sorta di progetto di auto-identificazione, rilassatevi semplicemente. C'è qualcosa di molto meglio che lasciarsi coinvolgere in queste idee sull'attrattività e la popolarità. È nel prendersi l'impegno che vale la pena di prendere l'impegno: nel riconoscimento istintivo dello stato fondamentale, e in ciò c'è cura di tutto. Potete contare su questo senza esitazione.

Se state cercando di avere la vostra bellezza interiore o esteriore, il peso ideale, l'idea, l'emozione, la sensazione o l'esperienza perfetta, radicatevi nel riconoscimento istintivo dello stato fondamentale. Chiarite tutto in una volta. Perché preoccuparvi con tutti quei progetti infiniti, innumerevoli e incessanti? Se desiderate trovare veramente chi siete, affidatevi allo stato fondamentale. Affidatevi a ciò che non è influenzato da nascita, vita e morte. È lì che troverete quello che state veramente cercando.

I MOLTI BRANI DELL'"IO"

Ci svegliamo la mattina e qualche giorno può essere un modello di pensiero felice, ma altri giorni possono essere un modello di pensiero infelice, dipende solo da che brani stanno suonando quel giorno. È come avere una raccolta casuale sull'iPod, dove non sappiamo quello che ascolteremo successivamente. L'iTunes suona secondo la nostra particolare versione di "Io"! I nostri particolari brani dell'"Io" appaiono costantemente come in un elenco di riproduzione casuale, e quell'elenco di riproduzione va avanti per tutto il tempo in cui viviamo.

Noi abbiamo i nostri brani particolari. Per una persona potrebbe essere: "Io sono stupido; non posso farci niente". Per un altro potrebbe essere: "Taci e ascoltami; so di cosa sto parlando". Qualunque siano questi brani, tutti hanno esattamente la stessa base. Se pensiamo di essere la persona più noiosa della terra o la più brillante, se pensiamo di essere la più pazza o la più sana o se pensiamo di essere la più ricca o la più povera, è tutto situato nella stessa fonte.

Quando cominciamo a realizzare che l'intelligenza aperta è la fonte di tutti quei pensieri, allora tutti i brani che suonano non sono così coinvolgenti. Non iniziamo a cantare ogni brano che viene su. Invece, ci godiamo la stabile intelligenza aperta e la chiarezza presente.

Noi non abbiamo più di questo momento. Se permettiamo che tutto sia *così* com'è in questo momento allora tutto è spazioso e aperto e sapremo cosa fare quando arriverà il prossimo brano. Non abbiamo bisogno di passare questo momento a preoccuparci del prossimo momento o precipitare in momenti passati per cercare di dargli un senso. L'unico modo in cui daremo un senso ai nostri brani passati o futuri è nel riposo del momento.

L'INTELLIGENZA APERTA, IL TRAINER, IL TRAINING E LA COMUNITÀ

CAPITOLO SETTE

L'AMICO SUPREMO

Se un trainer vuole formare altre persone sul sollievo dai dati, quel trainer ha bisogno di avere un sollievo permanente in ogni momento della propria vita. Lui o lei deve avere una prospettiva equilibrata in ogni singolo momento, giorno e notte, prima che ci sia la capacità della parola di saggezza che tagli attraverso ogni cosa. Nella vera parola di saggezza c'è il potere di formare gli altri su quel sollievo e di aiutarli ad andare oltre i loro dati.

Ci può essere una persona su un milione per cui avere un trainer non è necessario, ma per il resto di noi, avere un trainer è fondamentale. Se incontriamo dei trainer che hanno risolto i propri dati, essi possono essere di enorme beneficio per noi, perché possono vedere ogni cosa di noi che noi non riusciamo a vedere. Quindi, se abbiamo coraggio, possiamo renderci pienamente disponibili a loro e lasciare che ci amino!

Un trainer così è davvero la personificazione dell'amore. Potrebbe non essere la nostra visione contemporanea su ciò che è l'amore, ma è in realtà ciò che è l'amore. Una persona che ci può mostrare come amare noi stessi e gli altri è il miglior amico che avremo mai. Amici come questi ci ameranno sempre; così ad un certo punto comprendiamo: "Wow, non c'è nulla che io possa fare per fare in modo che questa persona non mi ami!".

Impariamo tante cose convenzionali sulle relazioni e la maggior parte di ciò che impariamo è basato sulla ricerca di chi crede ai nostri dati e chi no. In uno scenario del genere, chi crede ai nostri dati è nostro amico, e chi non ci crede non sarà una persona con cui trascorrere del tempo. Tuttavia, la relazione con un trainer non è questo tipo di relazione convenzionale.

I trainer sono disponibili in tutte le forme, ma un trainer è soprattutto un amico supremo. Un trainer è qualcuno che ha già l'esperienza decisiva dell'intelligenza aperta completamente evidente nella propria vita. Se un dato difficile appare, potete parlare con il trainer e se lui o lei vede qualcosa in voi che ha bisogno di essere guardata, sarà in grado di sostenervi delicatamente e amorevolmente nell'affrontarlo. Il trainer conoscerà tutti i vostri dati segreti.

Ciò che viene chiamato "mezzi eccelsi" è un aspetto di sapienza che si manifesta come guida e assistenza esperta, e diversi trainer hanno diversi mezzi eccelsi. Alcuni trainer sono molto duri e quindi potrebbero venire da voi con una palla di fuoco. Un altro approccio è quello di disonorare, umiliare o degradare una persona, che fanno alcuni trainer, ma c'è un approccio che funziona incredibilmente bene: l'amore. L'amore è il mezzo eccelso primario del trainer. L'amore supera tutto.

Nella mia esperienza di visitare insegnanti in tutto il mondo, so che ci sono molti stili diversi di insegnamento, e questo è quello che ho trovato in modo conclusivo: l'amore funziona sempre e ha sempre i risultati più fruttuosi.

PROFONDAMENTE SAGGIO

Quando troviamo dentro di noi l'amore, la compassione e la chiarezza che sono alla base di ogni singolo pensiero, allora diventiamo profondamente saggi - non solo convenzionalmente saggi - e siamo in grado di essere di grande beneficio a noi stessi e agli altri. Chiunque abbia piena stabilità mentale ed emotiva è prima di tutto profondamente benefico a se stesso e, in qualunque contatto quella persona avrà con gli altri, lui o lei sarà profondamente benefico senza nemmeno dover cercare di farlo. Una persona con completa stabilità mentale ed emotiva può camminare in una stanza e senza dire nulla ha un impatto benefico sulla situazione.

Ciò è profondo perché questa completa stabilità mentale ed emotiva è la base della natura umana e il diritto di nascita di ogni singolo essere umano. Istintivamente e intuitivamente sappiamo che questo è possibile per noi, anche se possiamo non aver saputo come realizzarlo. Quando siamo in prossimità di una persona che ha piena stabilità mentale ed emotiva, quella parte di noi che riconosce la stabilità risponde alla stessa presenza nell'altra persona. Non hanno bisogno di dirsi nulla: la loro comunicazione è oltre le parole. Ciò non ha nulla a che fare con svelare qualcosa o scriverlo. È solo chiaro, e viene assimilato che lo si voglia o no. È al di là di volere o non volere.

ATTRAZIONE PIUTTOSTO CHE PROMOZIONE

Una delle domande che viene posta più spesso è: "Come posso fare in modo che i miei amici e la mia famiglia trovino interesse ad affidarsi ai brevi momenti, molte volte?". Io non incoraggio mai le persone ad evangelizzare o promuovere la pratica dei brevi momenti. Le persone vicine a noi, saranno naturalmente attratte se vedono dei cambiamenti in noi che sono frutto della nostra pratica dei brevi momenti. Ci potrebbe quindi essere un'apertura per loro ad essere interessate, ma non vi è alcuna necessità di cercare di coinvolgere le persone che non sono interessate. Si faranno vedere tante persone che saranno interessate.

Si porrà ancora il quesito su come fare con le persone nelle nostre vite, come i nostri genitori, i partner e gli amici, che non hanno alcun interesse ai brevi momenti. La risposta è che possiamo mantenere la nostra pratica di affidarci ai brevi momenti e seguire la compassione intelligente che sa come trattare ogni cosa in ogni singolo momento. Allora possiamo muoverci nella vita in modo rilassato e spensierato e agire abilmente quando bisogna intraprendere un'azione e fare ciò che sarebbe più benefico per le persone intorno a noi.

Se decidiamo che il nostro progetto personale è fare in modo che tutti coloro che credono profondamente nei loro dati non ci credano più, bene, quello è un modo di muoversi nella vita. Un altro modo di muoversi nella vita è quello di essere interessati a sostenere le persone che non vogliono credere più ai loro dati. Ci sono moltissime persone che sono pronte a smettere di credere ai propri dati, e quindi è meglio aspettare che tali persone si facciano vedere.

Le persone sono pronte a sentire dei brevi momenti o non lo sono, e quelle che sono pronte si faranno vedere quando è giusto per loro. È sempre possibile avviare un dialogo e un dibattito con le persone o si potrebbe semplicemente stare con ciò che si sa essere vero e vedere chi sarà attratto da ciò. Non c'è alcun bisogno di cercare di convincere qualcuno che non è interessato.

Noi naturalmente vogliamo raggiungere le persone che sono totalmente perse nei loro dati, perché sappiamo come ci si sente a essere persi in storie e pensieri negativi. Tuttavia, il training dei brevi momenti non è per chi ne ha bisogno; è per coloro che lo vogliono. Quando le persone vedranno dei cambiamenti negli altri saranno attratte a provare per se stesse. Coloro che lo vogliono potranno trarre beneficio da esso, e sempre più persone che lo vogliono verranno avanti.

L'INTIMITÀ DEL RELAZIONARSI VERAMENTE

È assolutamente straordinario vedere come le persone possano vivere e lavorare insieme da una prospettiva di chiarezza. Ognuno dei nostri sogni più cari, di come potrebbe essere vivere e lavorare con le persone, viene realizzato con le persone che stanno acquisendo fiducia nell'intelligenza aperta. È davvero stupefacente. Certamente tutto ciò che io abbia mai sognato possibile in termini di relazione umana si sta realizzando perché le persone sono in grado di ritrovarsi così meravigliosamente dalla prospettiva dell'intelligenza aperta.

Quando acquisiamo certezza nell'intelligenza aperta, entriamo in contatto con altre persone che stanno facendo lo stesso e di conseguenza ci uniamo a una comunità di persone che possono amarci veramente. Esse ci amano così come siamo, e non hanno bisogno che siamo in nessun modo particolare. Ci amano mentre tutti i nostri dati appaiono e mentre tutti i loro dati appaiono. Esse non sono scoraggiate da nessuna cosa che stia accadendo, e sanno come sostenerci abilmente con qualunque cosa ci stia accadendo. Siamo insieme a persone che ci amano senza aver bisogno di un motivo per amarci. Cosa potrebbe esserci di meglio?

Tutta la vita dovrebbe essere piena dell'intimità del relazionarsi veramente che permette l'intelligenza aperta. Anche se per molti anni vi siete accontentati di una visione limitata di ciò che è possibile, potete iniziare da subito a non accontentarvi della stessa vecchia cosa. Mantenete la fiducia nell'intelligenza aperta e avrete tutta la forza necessaria di vedere attraverso situazioni o relazioni torbide in cui vi trovate attualmente.

Dovete dimostrare a voi stessi nella vostra esperienza che l'intelligenza aperta ha potere su tutto. Se avete qualcosa che è davvero significativo per voi e che volete portare in essere, allora, attraverso il riconoscimento della intrinseca intelligenza aperta, può avvenire in un modo davvero meraviglioso e senza sforzo. Tutte le persone giuste si uniranno per renderlo possibile e vi troverete circondati da persone che sono rilassate e potenti. Quindi, non avrete più bisogno di fare le cose in modo duro!

Le persone sono attratte dall'apertura e da un atteggiamento accogliente e imparziale. Non è quello che sentono che è necessariamente convincente per loro; è nel vedere che le persone che praticano brevi momenti sono davvero esempi di ciò che descrive il training. La grande affabilità e cordialità che sono presenti sono molto attraenti e convincenti, e le persone lo sentono molto intimamente. Vi sono attratte perché è quello che hanno sempre voluto per se stesse.

Quando acquisite certezza nell'intelligenza aperta, avete una libertà molto più grande in tutti gli aspetti della vostra vita. Siete in grado di essere ovunque e con chiunque e stare bene. Ciò non significa che vi piacerà sempre la situazione in cui vi trovate, ma vi sentirete bene dentro di voi. Avere questa abilità è urgentemente importante per tutti nel mondo.

VIVERE CON LE PERSONE IN MODO NATURALE

Se siete completamente lucidi e svegli, allora, quando vivete con le altre persone, riuscite a vedere in modo naturale che cosa deve essere fatto. Ad esempio, se qualcuno ha bisogno di aiuto per svolgere un compito, potreste andare ad aiutare in modo molto naturale e tranquillo. Se ci sono faccende domestiche di cui prendersi cura, potreste tranquillamente farvi avanti e portare a termine il lavoro senza che nessuno lo sappia. Quando le persone sono attente ai bisogni degli altri vi è un flusso facile e aperto in cui ognuno partecipa armoniosamente senza grandi storie su chi fa che cosa.

Una volta compreso questo modo naturale di essere nella vostra vita, potete condividerlo con altri. Una parte di realizzarlo in voi è condividerlo con gli altri. Che altro vorrebbe fare chiunque? Anche se potreste essere coinvolti in tantissime altre attività che sono molto importanti, vedrete quanto è importante per la società umana essere sempre più arricchita da questo modo naturale di stare insieme.

Ci sono comunità nel mondo dove molte persone stanno scoprendo la loro vera natura e hanno l'evidenza delle relazioni di amore, di servizio e di lavoro collaborativo che sono chiaramente evidenti nell'intelligenza aperta. Quando arrivano nuove persone, vengono ricevute e accolte nel gruppo. C'è una vera cordialità; non vi è alcun pettegolezzo, maldicenza o politica in corso.

Nessuno in una comunità come quella vi dirà mai che siete una persona cattiva o vi dirà di andare via. È una comunità per tutta la vita. Anche se una persona vuole lasciare la comunità, l'atteggiamento sarebbe: "Oh, ci mancherai; torna quando vuoi". Non ci sono sfumature sottili: "Fallo a modo nostro o sei fuori di qui".

Le cose possono funzionare molto facilmente quando gli individui prendono la leadership di se stessi. Aprendosi alla vera connessione che è davvero possibile tra le persone, diventa possibile partecipare in modo armonioso. C'è semplicemente un flusso in cui le cose vengono fatte senza alcun tipo di programma o assegnazione, e vi è una vera dolcezza e calore riguardo a ciò. Queste sono tutte cose che si vedono con persone che vivono insieme in comunità che sono a proprio agio con il loro dati.

IL TRAINING E LA COMUNITÀ

Se siete interessati ad acquisire certezza nell'intelligenza aperta, è di aiuto circondarvi di persone che fanno lo stesso. Questo è il modo più semplice. Ci sono tante persone nel mondo con cui potete condividere una comunità in questo modo, e formare una comunità con altre persone che sono libere da odio, arroganza, invidia e paura è un modo molto potente di vivere.

Stare con un gruppo di persone in cui si va d'accordo è molto speciale; ognuno lavora per il successo reciproco di tutti gli altri, e l'espressione non è solo teorica ma è profondamente radicata nell'esperienza quotidiana di tutti. Immaginate se tutta la società umana fosse così! Acquisendo certezza nell'intelligenza aperta, anche se vi capitasse di essere fisicamente soli, non sareste mai soli. Sareste nella comunità dello stato fondamentale completamente immutabile che è affidabile e che non vi deluderà mai.

Approfittate dei training che risolveranno i vostri dati. Solo ascoltando o leggendo training come questi ci sarà un senso profondo di pace sapendo che va tutto bene. Questo senso profondo di pace e di conoscenza crescerà in voi e brillerà come la luce che emana dal sole.

Non fatevi distrarre da training che non si basano sull'esperienza diretta della perfetta intelligenza aperta. Dedicate la vostra vita preziosa all'intelligenza aperta e rendetela primaria su tutto il resto. Presto non avrete bisogno di avere un nome per questa esperienza diretta, saprete assolutamente in ogni singolo momento qual è la natura della realtà. Sperimenterete profondamente dentro di voi un sollievo completo e totale in modo incrollabile e indistruttibile.

Altre cose nella vita sono fugaci e impermanenti; sono apparizioni spontanee nell'intelligenza aperta che non durano. Mettete tutti i vostri sforzi in ciò che è veramente duraturo. Questa è la linea d'azione da prendere per la vostra vita. Le distrazioni per ogni genere di cose, per quanto importanti possano sembrare, non porteranno mai da nessuna parte. Vi daranno completo sollievo tutte queste attività? Saranno lì per voi quando sarete sul letto di morte?

In questo volete acquisire certezza; tutto il resto finirà per essere distrutto. Se vivete una vita coinvolta in attività ordinarie e le mantenete primarie nella vostra vita, è come vivere con la testa nella bocca di un coccodrillo. Essere coinvolti in attività ordinarie, non può sostenervi nel breve periodo e non può sostenervi neanche a lungo termine.

È bene acquisire certezza in ciò che non può mai essere distrutto. Anche se siete giovani, sani e robusti e avete tutte le cose che volete, tutto ciò vi sarà tolto. A un certo punto non sarete giovani, sani e robusti e non sarete in grado di accumulare cose e trovare cose che siano fonte di soddisfazione.

Se siete giovani e sani, iniziate ad acquisire certezza nell'intelligenza aperta da subito. Se d'altra parte siete più anziani e avete sentito solo ora parlare del training dei brevi momenti, acquisite certezza in ciò da subito. È ciò che vi conforterà e vi porterà sollievo sempre, qualsiasi cosa accada. Sappiate che i brevi momenti di intelligenza aperta, che state ripetendo molte volte, saranno sempre il vostro sostegno e supporto.

FIDUCIA INERENTE

È davvero un dono meraviglioso avere l'entusiasmo di scoprire la vera natura dell'essere. Molti di noi hanno provato entusiasmo per ogni genere di cose nella propria vita: vediamo qualcosa di nuovo, proviamo grande entusiasmo e ci auguriamo che risolverà i nostri problemi e ci renderà la vita migliore. Ad esempio, potremmo ricevere un nuovo libro di auto-aiuto, e mentre lo leggiamo pensiamo: "Mi sento così bene leggendo questo libro. Questo risolverà il mio problema". Poi finiamo il libro e potremmo sentirci veramente bene per un paio di giorni, ma poi, in poco tempo, l'entusiasmo cala e siamo alla ricerca di un altro libro.

Scoprire la vera natura del nostro essere non richiede nessun libro e nessuna ricerca. Quello che vogliamo veramente non è un altro libro ma la piena introduzione alla nostra natura fondamentale. Quando siamo stati introdotti alla nostra vera natura e veniamo a sapere cos'è, possiamo assumere un impegno per essa. Tuttavia, se assumiamo un impegno solo parziale, allora per un po' ci affideremo all'intelligenza aperta e per il resto del tempo applicheremo antidoti a tutti i nostri dati. Se prendiamo un impegno al cento per cento, allora si sviluppera la fiducia inerente e con quella fiducia avverra la certezza.

Se l'impegno viene meno e decidiamo di elaborare i nostri dati e farne una storia o decidiamo di prendere alcuni metodi o pratiche per cercare di migliorare le cose, ciò è ben lungi dal mantenimento del pieno impegno ad affidarsi all'intelligenza aperta. A volte l'impegno viene meno ed è proprio così, e questo è qualcosa che accade a molte persone. Se il nostro impegno viene meno, allora dobbiamo rivolgerci a persone che possono sostenerci.

Siamo sempre dedicati a qualcosa: o siamo dedicati a tutti i nostri dati o ad affidarci all'intelligenza aperta. Abbiamo la scelta dell'impegno che assumeremo.

I QUATTRO SUPPORTI

I Quattro Supporti di Balanced View sono intesi a fornire una continua risorsa di energia calmante, supporto e comfort a coloro che ne hanno bisogno. Un supporto è la pratica dei brevi momenti di intelligenza aperta ripetuti molte volte finché diventa automatico; un altro è il trainer, un terzo è il training – i training scritti, i download, i libri, le chiamate di intelligenza aperta – e il quarto è la comunità mondiale.

Il contatto con un trainer è molto importante. Nei paesi occidentali siamo molto abituati a fare le cose da soli e ad essere gli unici manager della nostra vita. Se siamo in questo modo, è possibile che non saremo interessati a ricevere aiuto da persone che potrebbero darci un contributo. Se rimaniamo fissati a questa idea di essere totalmente autosufficienti, non solo non saremo in grado di vedere che le persone possono sostenerci, ma potremmo essere particolarmente resistenti alle stesse persone che potrebbero darci davvero un contributo.

La resistenza a chiedere supporto è un punto di vista che davvero deve essere compreso, poiché è molto difficile per la maggior parte delle persone risolvere tutti i propri dati senza il supporto di persone che hanno già risolto i propri.

Abbiamo ogni sorta di dati a cui non pensiamo nemmeno. Ci sono dati personali che si riferiscono alla nostra vita particolare e a come abbiamo vissuto quella vita, e poi ci sono dati collettivi. All'interno di ciò ci sono dati di genere e culturali e potremmo essere completamente ciechi a molti di essi. Qualcuno che ha risolto tutti i propri dati può essere di grande supporto a chiarire queste diverse questioni e ad aiutarci a guardare ciò che sta accadendo in noi. Le persone su cui contare per essere aiutati sono coloro che hanno avuto un'esperienza significativa affidandosi all'intelligenza aperta e che hanno vinto le sfide della vita ordinaria come il denaro, il sesso, il lavoro, la depressione, i problemi alimentari e le relazioni. I dati nella loro vita sono stati eclissati dall'intelligenza aperta, proprio come la luce dei pianeti e delle stelle di notte è eclissata dal sole durante il giorno.

Se vogliamo capire come avere una buona relazione, per esempio, non vogliamo andare da qualcuno che ha relazioni disfunzionali e chiedergli come avere una buona relazione! Per imparare come relazionarsi abilmente, vogliamo andare da qualcuno che lo dimostra nella propria vita. In modo simile, non vorremo andare per un consiglio su questioni di denaro da qualcuno che non abbia imparato come gestire i propri soldi in modo abile.

Quando siamo in difficoltà nel mantenere l'intelligenza aperta con uno di questi temi importanti, possiamo affidarci a uno dei Quattro Supporti. Se troviamo che non riusciamo a mantenere l'intelligenza aperta e ci stiamo perdendo in ogni sorta di storie sui nostri dati, allora abbiamo davvero bisogno di richiedere supporto immediatamente. Perché prolungare l'agonia?

Quando siamo messi in difficoltà dai dati e completamenti coinvolti nella loro storia, aggiungendo sempre più storie in cima alla storia originale, quello è sicuramente il momento di contattare il nostro trainer. Molte volte, quando ci perdiamo in una grande storia, un'altra persona può dire solo una frase e noi siamo in grado di riconoscere l'intelligenza aperta immediatamente. Ogni volta che si verificano cose difficili nella nostra vita, il trainer è inestimabile, la comunità è inestimabile, il training è inestimabile e affidarsi all'intelligenza aperta è inestimabile.

Sezione Tre
L'Intelligenza Aperta Espressa nelle Nostre Vite Quotidiane

CIRCOSTANZE DI VITA REALE, RISPOSTE DI VITA REALE

CAPITOLO OTTO

ESSERE CONNESSI A TUTTI

Se vi sentite connessi a qualcuno o avete paura di parlargli o vi sentite alienati da quella persona, bene, che grande opportunità di essere a vostro agio con i vostri dati! Se avete paura che qualcuno stia per gridarvi e urlarvi, come la paura delle grida e degli urli influenzerà l'intelligenza aperta? Essa non influenzerà la vostra intelligenza aperta e non influenzerà la loro. Allora, cosa c'è da temere?

Se avete paura di persone che sono arrabbiate, allora rimanere rilassati e a proprio agio, mentre la rabbia scorre intorno a voi, sarà un'introduzione molto, molto potente all'intelligenza aperta. Quando stavo crescendo, sviluppai una paura delle persone arrabbiate. Non reagivo con rabbia contro di loro, ma avevo molte altre strategie intelligenti per manipolare le situazioni e sedare la loro rabbia o riorganizzare le circostanze in modo che le persone arrabbiate non prendessero il sopravvento.

Una volta acquisita certezza nell'intelligenza aperta, scoprii che non c'era motivo di avere paura delle persone arrabbiate. Vidi che nessuna rabbia avrebbe mai potuto alterare l'intelligenza aperta. Mi trovai in alcune situazioni con persone che si infuriavano con me o con qualcun altro ma non successe niente.

Qualunque opportunità avete per un breve momento di intelligenza aperta è molto preziosa ed estremamente potente. Vedrete che potrete stare in ogni situazione senza impedimento. Non sarà necessariamente solo con persone che sono arrabbiate;

potrebbe accadere anche in circostanze spaventose che sorgono: un sentimento o un'emozione che vi spaventa, la sensazione di essere inferiori ad altre persone o l'essere nervosi, inquieti, arrabbiati, tristi o depressi o qualunque sia quel particolare punto di vista. Ma nessuno di questi dovrà alterarvi.

Tutti gli altri potrebbero essere turbati, distratti e disorientati, ma attraverso il riconoscimento istintivo dello stato fondamentale, potrete stare con ogni cosa in modo rilassato. Brevi momenti, molte volte, in queste situazioni è estremamente potente. Iniziate davvero a stare a testa alta, imperturbabili in ogni circostanza e capaci di rispondere abilmente da una visione equilibrata.

RISOLVERE LA PAURA COMPLETAMENTE

Una delle grandi paure che abbiamo è quella di essere considerati stupidi, e faremmo di tutto per evitare questa paura. Ammettiamo che qualcuno ci dica: "Sei un idiota!", nel qual caso ci sentiremo desolati e inutili, e potremmo non sapere che cosa fare con quei sentimenti. Ma completamente sveglio, in tutte quelle emozioni coinvolte nel sentirci dire che siamo stupidi, è il qui-e-ora della perfezione totale.

Nel non credere alla storia che circonda quei pensieri, trasformiamo completamente la nostra "stupidità" in un momento di chiarezza brillante. Con la certezza nell'intelligenza aperta, vediamo attraverso tutte queste cose che ci hanno sempre irritato. Quando ci irritiamo e i nostri pensieri ed emozioni abituali vengono attivati, è in quel momento che il riconoscimento istintivo dell'intelligenza aperta è cruciale. Questo è il modo per risolvere completamente la paura che deriva da una qualsiasi di queste esperienze.

Potrebbe sembrare strano usare l'esempio della stupidità, ma come mai molti di noi si sono sentiti stupidi? Questi dati molto dolorosi sorgono per tutti noi; tuttavia possiamo sentire di essere gli unici ad averli, e questo tipo di sentimenti può essere estremamente isolante.

Forse una delle nostre idee estreme è: "Non riesco a capire nulla; sono davvero piuttosto inutile". Ma quando ciò appare, dove appare? Completamente sveglio nei sentimenti di essere inutile è il qui-e-ora della perfezione totale. Ognuno e ogni cosa riposa nel qui-e-ora della perfezione naturale. Non importa che idee possano esserci, non importa quali etichette vengano applicate, appaiono tutte nella perfezione naturale.

A PROPRIO AGIO CON TUTTO

Qualcuno potrebbe trovarsi a colloquio con me e raccontarmi qualcosa di terribile che sta attraversando, come ad esempio che il marito o la moglie lo ha lasciato. Posso sentire ciò che dice molto profondamente ed entrare in empatia con il suo dolore, ma insieme a ciò spesso dico: "Tua moglie o tuo marito ti ha lasciato per stare con qualcun altro: che meravigliosa opportunità per te. Congratulazioni!".

Se una cosa del genere accadesse a te - il tuo partner ti lascia, hai un attacco di cuore o perdi tutti i tuoi soldi in un collasso finanziario – ci sarebbero ogni sorta di pensieri, emozioni e sensazioni circostanziali associati a tale incidente. Tuttavia, cosa cambierebbe sostanzialmente all'intero corso degli eventi? Niente. Ciò che rimane costante e completo è il qui-e-ora, che vede in maniera nuda dal di dentro. È sempre così e non potrà mai essere altrimenti.

Diciamo che è accaduto qualcosa di difficile come l'abbandono di tuo marito o di tua moglie. Potresti accusare dolore o potresti essere calmo o una via di mezzo, ma mentre attraversi ogni varietà possibile di esperienze, in realtà non cambia nulla. Questa è la natura del qui-e-ora: immutabile, indistruttibile, proprio così com'è. Non importa ciò che appare in essa, è imperturbabile, incrollabile, inamovibile. Consente tutto allo stesso modo.

Che cosa ci dice questo di noi? Ci dice che quando rilassiamo la presa che esercitiamo nel tentativo di rendere le cose in un certo modo, cominciamo a sperimentare tutto così com'è, e sperimentiamo noi stessi esattamente come siamo. Potrebbe esserci ogni sorta di pensieri, emozioni e sensazioni che abbiamo evitato, ma una volta che smettiamo di evitare e siamo come siamo, di mentalità aperta e sincera, allora possiamo sentirci a nostro agio con qualsiasi cosa appaia.

IL TUO CHIARO ESEMPIO

Se qualcuno vuole discutere con te e inizia a provocarti, questo non significa che devi essere in conflitto con quella persona. Puoi rimanere irremovibile senza lasciarti andare in quelle difficoltà che spesso sono presenti in una situazione del genere. Dalla chiarezza apertissima hai molte più opzioni su come trattare le persone che ti stanno criticando o provocando. Assicurandoti nella chiarezza e permettendo che tutto sia così com'è, senza aver bisogno di agire impulsivamente o compulsivamente, diventi sempre più chiaro su ciò che porterà alla soluzione migliore in quella situazione. Vedrai con chiarezza che misure avrai bisogno di prendere.

Non vedrai la soluzione se sarai perso nel conflitto e tutto aggrovigliato nello sfogo delle emozioni. Facendo affidamento sull'intelligenza aperta piuttosto che sui dati che sorgono in una situazione difficile, potrai avere una vita buona e pacifica, anche nel bel mezzo di circostanze impegnative. Con sempre più persone dedicate a ciò, potranno esserci sempre più persone con una vita agevole e pacifica.

Non importa cosa faccia chiunque altro, sii il tuo migliore alleato. Non vogliamo permettere ai dati negativi di qualcun altro di governarci. Con persone che vivono dati estremamente negativi, potrebbe non essere possibile cambiarli. Esse stesse dovranno arrivare al punto in cui vorranno davvero cambiare.

Potrebbero esserci molti modi in cui quel cambiamento potrebbe avvenire, ma uno dei modi in cui quel cambiamento sarà possibile, avverrà attraverso il tuo chiaro esempio.

Per quanto vorresti che tutti gli altri vedessero la luce o subissero una sorta di cambiamento radicale, il modo migliore per toccare la vita degli altri è quello di focalizzarti su te stesso in questo modo. Mantieni l'attenzione proprio lì. Questo non significa che sarai auto-ossessionato o disattento ai bisogni degli altri; significa che sarai vigile con i tuoi dati e non ti perderai nelle tue o nelle storie degli altri.

Può essere davvero doloroso vedere ciò che le persone fanno a se stesse, ma non è compito tuo prendere decisioni per loro. Devi decidere che montagna vuoi scalare. Se ti arrampichi in giro cercando di scalare molte montagne diverse, allora non ne dominerai mai una.

Non farti strattonare dal viaggio di qualcun altro. Se ti sei trovato con persone che sono completamente coinvolte nella trascuratezza negativa di se stesse e degli altri, ora puoi semplicemente e facilmente allontanartene. Non devi continuare a passare del tempo con le stesse persone che sono estremamente perse nei loro dati negativi. Rafforzandoti nell'intelligenza aperta vedrai che è così. Anche se momentaneamente non riuscirai a ricordarti dell'intelligenza aperta e ti troverai in una sorta di conversazioni o circostanze negative con un'altra persona, quando riconoscerai di aver fatto così, potrai immediatamente ritornare all'intelligenza aperta attraverso un breve momento di riconoscimento istintivo.

Vedrai che potrai avere una vita che non hai mai sognato possibile. Se ti coinvolgerai in ogni sorta di modi convenzionali di affrontare la vita, potrebbe sembrare impossibile essere liberi da circostanze interamente negative, ma acquisendo certezza nell'intelligenza aperta, vedrai che sei totalmente libero; non hai mai avuto bisogno di essere coinvolto in situazioni che ti diminuiscono. Il minimo che puoi fare è quello di darti questo dono incredibile.

Potrei stare seduta qui e parlare di questo finché sono blu in viso, ma non c'è alcun modo in cui sarà riconosciuta la tua libertà senza la tua collaborazione. Essa sarà riconosciuta attraverso la tua continua disponibilità a vedere chi sei in un senso molto fondamentale, e a non allontanarti mai da ciò per nessun motivo.

Vuoi darti tutto quello che puoi in questa vita; puoi davvero farlo e sei l'unico che può farlo. Questo è davvero cruciale: essere risoluti e confidare nella propria vera natura.

COMPLETO AGIO CON LA PAURA DELL'ABBANDONO

In un breve momento di intelligenza aperta non vi è alcuna descrizione di cui preoccuparsi; non c'è nessuna ginnastica mentale su tutto ciò che è accaduto in passato, ciò che sta accadendo ora o ciò che accadrà in futuro. Anche se c'è una qualche sorta di pensiero spontaneo che si verifica su un passato o su un futuro, non è più qualcosa che provoca angoscia.

Per esempio, se siamo in una relazione sentimentale potrebbe sorgere il pensiero: "Oh, ho tanta paura che il mio compagno mi lasci" e il pensiero successivo: "Sono stata abbandonata quando ero una bambina, e sono stata abbandonata in tutta la mia vita, ecco perché sarò abbandonata da questo compagno". Poi arriva un altro pensiero: "Sono quel tipo di persona che la gente abbandona", e così via. Andando avanti con gli innumerevoli pensieri che procedono dal pensiero iniziale, creiamo una storia su noi stessi.

Pensiamo: "Io sono una persona con una storia, e qualunque sia la mia storia, quella è ciò che sono. Se voglio superare la mia paura di abbandono dovrò creare una storia nuova e migliore che coinvolge il non essere abbandonata". Allora, potremmo uscire a cercare un altro partner che ci dia una nuova storia sul non essere abbandonati, e quando troviamo quella nuova persona che siamo sicuri non ci abbandonerà, sentiamo che ora possiamo godere di una relazione senza avere nessuna paura di essere abbandonati.

Tuttavia, l'unico modo per godere veramente di una relazione è quello di sentirsi a proprio agio con la paura dell'abbandono e con tutte le altre paure. La paura dell'abbandono è un pensiero che si verifica per tutti coloro che hanno una relazione di qualunque tipo. In tutta onestà, *ognuno* sarà abbandonato in ogni relazione, perché o noi moriremo o le persone cui siamo affezionati moriranno. Potrà sembrare che la paura dell'abbandono sia solo una forma di paranoia, ma è del tutto vera!

Se crediamo alla paura dell'abbandono, allora sarà vera per noi, e dovremo avere una storia su di essa. D'altra parte possiamo esaminare la sua natura quando appare: "Dove è davvero situata? Posso dire che si tratta di qualcosa? Ha un colore o una forma? C'è qualcuno qui che sperimenta la paura dell'abbandono?". Affidandoci all'intelligenza aperta arriviamo a vedere che la storia che abbiamo avuto sulla paura dell'abbandono non è così fissa come sembrava che fosse.

Prima potremmo aver detto: "Ho paura dell'abbandono, ce l'ho tutto il giorno e l'ho avuta in tutta la mia vita". Ma possiamo arrivare a vedere che in realtà questo tipo di pensieri ed emozioni vanno e vengono in un istante. I pensieri appaiono, rimangono un po', svaniscono e riappaiono. Potremmo non pensare all'abbandono fino a quando erroneamente concludiamo: "Quella sensazione di abbandono è stata con me in ogni momento della giornata". Noi in realtà non abbiamo un interminabile flusso di pensieri sequenziali sullo stesso tema: sembra solamente che sia così.

La nostra identità primaria è sempre l'intelligenza aperta, e ogni singolo dei nostri pensieri è un'apparenza dell'intelligenza aperta. Comprendendo la nostra vera identità come intelligenza aperta, siamo molto più rilassati con le altre informazioni su noi· stessi.

Riconoscere lo stato fondamentale dell'intelligenza aperta è la storia più vera. Non c'è nessuna uscita dall'intelligenza aperta. Qualsiasi sia il tipo di storia che si presenta, non sarà mai in nessun altro luogo che nell'intelligenza aperta. Riconoscendo ciò in ogni momento di esperienza, tutta la vita è molto più rilassata e agevole.

IL CONTESTO PER PRENDERE DECISIONI

Quando siamo tutti coinvolti nei nostri dati, spesso semplicemente non sappiamo cosa fare. Non sappiamo come scegliere la giusta relazione, non sappiamo dove dover vivere, non sappiamo come essere pienamente soddisfatti del nostro lavoro, e uno dei nostri grandi problemi è che per noi è davvero difficile prendere decisioni. Quando siamo persi in tutti questi dati, è come essere in una fitta foresta, e siamo così confusi che siamo disposti a cercare ovunque per trovare un po' di speranza.

Quando siamo persi nella foresta fitta e dobbiamo prendere delle decisioni, ci guardiamo intorno, vediamo tutti quegli alberi di fronte a noi e pensiamo: "Beh, sceglierò quest'albero e quell'albero e quell'altro albero, e questa sarà la mia decisione". In tal modo la decisione è presa, ma siamo ancora persi nella fitta foresta e ci chiediamo se abbiamo preso la decisione giusta oppure no. Continuiamo a vagare nella foresta dei punti di vista, ed è così che ci si sente nella vita quando si è ossessionati da tutti i dubbi che sorgono nel cercare di prendere una decisione.

Quando cominciamo a fare affidamento sui brevi momenti, molte volte, piuttosto che essere identificati con tutti gli alberi della foresta fitta, notiamo la base di tutto. Iniziamo a vedere che non dobbiamo preoccuparci. Essere coinvolti in preoccupazioni e pensieri negativi è una scelta, è davvero così, e in questo modo vediamo lo scambio.

Riconoscendo l'inerente intelligenza aperta, senza farsi trasportare nei metodi di di decisione abituali, troviamo che c'è un agio che è sempre presente. È in quell'agio inerente che troviamo la soluzione più profonda alla situazione su cui stiamo cercando di decidere. Non è nella tessitura della storia con ogni cosa che sta succedendo. Per ogni situazione che richieda una decisione, la decisione migliore verrà da questo nudo agio e chiarezza dell'intelligenza aperta.

ABILITÀ NEL QUOTIDIANO

"Buona condotta" è generalmente definita col riunire i nostri dati in una qualche nozione di bontà. Noi agiamo in un certo modo, pensiamo in un certo modo, parliamo in un certo modo e ciò viene chiamato buona condotta. Quando ci impegniamo in una "buona condotta" potremmo star bene con noi stessi e sentire di dare un contributo al mondo; tuttavia, pensarci solo in quel modo limitato è de-energizzante. Non siamo in grado di sperimentare davvero l'enorme energia che è disponibile nell'intelligenza aperta, e non siamo in grado di realizzare il nostro pieno potenziale come esseri umani.

Quell'energia avviene liberandoci dal bisogno di vedere i dati come buoni, cattivi o neutri. Questo è un punto molto importante. Quell'energia notata dal primo breve momento di riconoscimento istintivo dell'intelligenza aperta include stabilità mentale ed emotiva, comprensione, compassione e abilità nelle attività quotidiane. È un'energia molto potente a cui non si può accedere cercando di plasmare la nostra condotta in una sorta di modo artificioso basato su dati positivi, negativi o neutri.

L'abile conoscenza di come agire nel modo più potente, sommamente creativo, proviene dal riconoscimento istintivo dell'intelligenza aperta. Non proviene dal guardare tutti i dati e cercare di decidere come rimescolarli nella giusta immagine di ciò che dovremmo essere e di ciò che facciamo.

Quella chiarezza, quel cielo aperto e chiaro di consapevolezza, è pieno del potere della saggezza. L'intelligenza aperta non è qualcosa da raggiungere; è già presente. Non importa in cosa siate coinvolti, se volete aprire uno spazio di creatività più grande o essere in grado di risolvere un conflitto impegnativo, andate all'intelligenza aperta, non andate ai dati.

In maniera crescente tutte le parole che pronuncerete e le azioni che prenderete saranno le parole e le azioni di quella potente realtà di saggezza. Non c'è niente più creativo di quella realtà. Essa vede in un modo in cui i dati semplicemente non possono vedere. I dati non possono catturare lo spazio aperto super-completo dell'impulso creativo dell'universo.

Il vostro sé sommamente creativo e completamente potente è in quel momento di intelligenza aperta. Mentre acquisite più familiarità con l'intelligenza aperta, sarete riempiti di un vero potere che non viene dalle descrizioni. Esso proviene dalla vasta apertura della natura della realtà che è sempre e infinitamente saggia e buona.

NIENTE PIÙ DRAMMI

Molti di noi si sono addestrati a vivere da un dramma all'altro. Soprattutto nella cultura di auto-aiuto, le persone amano condividere i propri drammi. Quando impariamo a relazionarci con noi stessi e con gli altri in un modo orientato al problema, è perché vediamo noi stessi come un problema e vediamo gli altri come un problema. Se pensiamo che ci sia qualcosa di sbagliato in noi che deve essere riparato, allora penseremo che ci sia qualcosa di sbagliato negli altri e che anche loro hanno bisogno di essere riparati.

Ci può capitare di stare insieme ad un'altra persona per decenni e ascoltare i suoi drammi mentre questa ascolta i nostri e abbiamo una sorta di cooperazione in cui riconosciamo reciprocamente le nostre storie. "Ti ascolto se mi ascolti, e saremo co-ostaggi nel dramma e nel trauma". Alcuni di noi pensano di avercela fatta quando hanno persone che co-firmano le proprie storie in questo modo, ma se viviamo una vita di dramma e di trauma, allora viviamo un'esistenza basata su una storia.

Potremmo alla fine voler cercare sollievo in un modo o nell'altro dalle emozioni disturbanti causate dai nostri drammi. Cerchiamo questo sollievo evitando le emozioni disturbanti, sostituendole con qualcos'altro o indulgendo in esse in vari modi. Potremmo arrivare al limite risolvendo con alcolici o altre droghe, con sesso, cibo, denaro o spese folli, ma qualunque sia l'antidoto, non ci darà mai un sollievo totale.

Questi sono solo antidoti temporanei che sembrano dare sollievo, ma non ci riescono mai davvero. Adottare ripetutamente gli stessi antidoti aspettandosi risultati diversi è una forma di pazzia. Quindi abbiamo davvero bisogno di chiederci: perché continuare a fare ripetutamente qualcosa che non fornisce alcun sollievo duraturo?

Quali sono le opzioni al di là dell'adottare degli antidoti? Beh, c'è un'opzione per tutta l'umanità su cui contare, ed è quella di riconoscere l'intelligenza aperta intrinseca per brevi momenti, molte volte, finché diventa spontanea. Questa è una soluzione che è favorita dal comprendere che la nostra natura fondamentale è già benevola e non ha drammi e traumi. Quando riconosciamo l'inerente intelligenza aperta e arriviamo a conoscere la condizione fondamentale della nostra esistenza, allora non ci relazioniamo più agli altri attraverso un'esistenza basata su una storia di drammi e traumi.

IL NOSTRO POTENZIALE INNATO

Ci sono tantissimi programmi popolari di auto-miglioramento di questi tempi, ma il fatto dei programmi di auto-miglioramento è che cadono in pezzi con grande facillità. Ad esempio, potremmo aver cercato di creare un certo tipo di vita attraverso affermazioni positive, come: "Io sono intelligente e capace; sono felice; sono ricco e famoso". Potrebbe essere che tutte queste cose ci stiano accadendo, ma molto probabilmente no! La strategia cade a pezzi molto velocemente e allora siamo al punto di partenza. Cercare di ottenere tutte queste cose nella nostra vita non è davvero il modo migliore per utilizzare il nostro tempo e la nostra energia.

Quando si tratta di capire lo scopo della vita umana e il nostro potenziale innato, dobbiamo chiederci: "Qual'è il mio potere ultimo in termini di vivere una vita felice in questo momento? Mi ha mai portato la pace e la soddisfazione che cercavo uno di questi programmi di auto-miglioramento o affermazioni positive?". La bellezza di affidarsi all'intelligenza aperta è che vi è una crescente energia calmante, un crescente senso di benessere così come una crescente fiducia nell'intelligenza aperta; qualcosa che questi programmi di auto-miglioramento non possono fornire su base duratura.

Ciò che viene richiesto è la familiarità con la natura dell'esistenza. Potremmo chiamarla la super-intelligenza che è alla base di tutto e che ha potere su tutto. Essa governa su tutti gli schemi descrittivi: quelli di denaro, posizione, possedimenti, autostima, successo e quant'altro cui si potrebbe ambire attraverso programmi di auto-miglioramento. Acquisendo fiducia e certezza in questa super-intelligenza, ci si apre tutto un mondo che non sapevamo esistesse.

SENZA PAURA DI FRONTE ALLA PAURA

Quando una paura forte nasce dentro di noi, la nostra tendenza potrebbe essere quella di cercare qualcosa che fermi la paura. Potremmo cercare il libro giusto che ci mostrerà come non avere mai più paura, potremmo prendere un farmaco che si occuperà della paura o potremmo cercare di vivere in modo tale da evitare le situazioni di paura.

Ma c'è un'altra scelta: possiamo mantenere l'intelligenza aperta per brevi momenti, molte volte, e mentre lo facciamo arriviamo a sperimentare il coraggio dell'intelligenza aperta, che vuol dire essere senza paura di fronte alla paura. Quando appare la paura, l'intelligenza aperta è la base di quella paura. Questo è ciò che significa non-dualità: il non-due di ogni cosa.

Quando abbiamo paura dei nostri pensieri e delle nostre emozioni, possiamo sentirci molto a disagio dentro di noi. Non possiamo impedire a questi pensieri e a queste emozioni di venire, e non sappiamo mai che forma prenderanno. Quindi, se stiamo cercando di sbarazzarci della paura rimarremo sempre delusi. Questo è il motivo per cui è di fondamentale importanza acquisire certezza nell'intelligenza aperta.

Noi non possiamo fermare le paure, e non vogliamo illuderci pensando che possiamo. Non possiamo contare su circostanze o altre persone per rendere tutto sicuro e soddisfacente, ma possiamo contare su noi stessi. Se qualcosa di davvero, davvero terrificante dovesse accadere, dove la nostra vita possa essere minacciata, se abbiamo pienamente acquisito certezza nell'intelligenza aperta, allora anche se ci fosse molta paura durante l'evento terrificante, la nostra connessione sarebbe con la calma, pacifica intelligenza aperta, piuttosto che con tutta la paura presente.

Tutto ciò che appare è pieno di impavida intelligenza aperta. Anche se la paura appare in una forma che vi dà il voltastomaco, la sua natura è intelligenza aperta senza paura e nient'altro.

Questo è ciò che viene riconosciuto in un breve momento di riconoscimento istintivo della inseparabilità dell'intelligenza aperta e dei dati.

COMPLETAMENTE AFFID-ABILE

Che stiate cercando la salute del vostro pensare, la salute delle vostre emozioni o la salute del vostro corpo, quella salute è nei brevi momenti di intelligenza aperta. Quindi, se fate cose come yoga, jogging, passeggiate o altro, queste sono cose da fare per divertimento e piacere, ma non porteranno alla pura e perfetta intelligenza aperta. Se camminate, correte, nuotate, fate yoga, balletto o qualsiasi altra cosa potrebbe piacervi, e dimorate nei brevi momenti durante quel periodo, allora non solo godrete di più di qualsiasi cosa stiate facendo, ma vi radicherete anche nella vostra natura ultima.

Soprattutto gli occidentali sono persone molto spinte dai risultati; vogliamo risultati da tutto ciò che facciamo. Se mettiamo un pettine nei capelli, vogliamo come risultato dei bei capelli. Quando facciamo yoga nel nostro ordinario corpo flaccido, abbiamo un'immagine nella nostra mente del corpo che vogliamo avere. Questo è ciò che intendo per spinti dai risultati.

L'unico modo per rompere tutto questo è nei brevi momenti. Tutta la perfezione che stiamo cercando è in quei brevi momenti. Ecco dove si trova la chiarezza completa, il potere completo, la completa stabilità mentale ed emotiva, la completa compassione, la completa abilità: è tutto in quel breve momento. Non solo, è facile prendere brevi momenti molte volte! Quello slancio prende rapidamente velocità per tutti coloro che vi si affidano. Perché prende rapidamente velocità? Perché si arriva a vedere che è affidabile e degno di fiducia. In quel primo breve momento, vi è un sollievo completo e un completo potere di saggezza - è davvero affidabile a tal punto. Possiamo davvero contarci. Invece non possiamo contare sul fatto che i dati ci portino sollievo.

La perfezione verso cui ci muoviamo è in quel breve momento, ma non sarà quel tipo di perfezione che abbiamo immaginato o sognato, perché è oltre l'immaginazione. Diciamo solo che è incredibile!

SOLLIEVO TOTALE

Molti di noi hanno passato anni lavorando molto duramente al fine di realizzare tanto. Ci sforziamo e otteniamo e ci sforziamo e otteniamo ancora di più fino a quando ci diciamo: "Che cosa farò adesso dopo tutto questo sforzo e risultato?". Le idee che abbiamo che a un certo punto avremmo raggiunto soddisfazione e appagamento non si sono mai veramente realizzate. Il riconoscimento di ciò può essere un'esperienza molto triste, ma è anche meraviglioso perché vedere che non c'è nulla da raggiungere è davvero un riconoscimento importante.

Possono accadere ogni sorta di cose nella nostra vita: grande agitazione, confusione, disperazione, smarrimento. Tuttavia, queste apparizioni che sembrano così sconvolgenti, senza speranza, disperate e senza fine, hanno tutte la stessa base sottostante. Tale base non è separata da nessuna di queste apparizioni, e quando ci affidiamo solamente a questa base, sperimentiamo il grande sollievo che è lo spazio fondamentale di ogni cosa. Allora diventa naturale sperimentare il nostro essere in un modo privo di sforzo, così com'è, senza doverci fare nulla.

Lo stato di base è già assolutamente presente. Il suo riconoscimento porta a un sollievo totale, e in quel sollievo vi è amore e compassione spontanea. Più sollievo sperimentiamo, più ci sentiamo aperti e compassionevoli. Queste cose che abbiamo sempre voluto: amare ed essere amati, appartenere, essere liberi, sono realizzate nell'agio completo del nostro essere.

Non c'è nessun altro posto dove guardare. Se guardiamo altrove, non le troveremo mai. Se guardiamo altrove saremo sempre almeno a un passo, o forse a molti passi di distanza. Se siamo già chi siamo, come potrebbe essere un compito difficile riconoscere chi siamo?

CHIARIRE LE SFIDE DELLA VITA

CAPITOLO NOVE

STARE IN OGNI SITUAZIONE SENZA IMPEDIMENTO

Non c'è dubbio che possano accaderci ogni sorta di cose terribili nella vita. Ci sono cose che si verificano che sono molto inaspettate e non sappiamo mai quando si verificheranno. Non possiamo nemmeno prevedere cosa accadrà nel prossimo minuto, per non parlare di quello che accadrà durante il resto della nostra vita.

È importante sapere qual'è il nostro supporto in tutte queste circostanze. Quando acquisiamo fiducia nella intrinsecamente stabile natura del nostro essere, allora sappiamo di poter stare in tutte le situazioni senza impedimento. Sappiamo di poter avere la fiducia interiore, naturalmente presente, della stabilità della nostra natura su cui contare. Questo è molto importante.

Non è necessario trovarsi in nessuna circostanza particolare. Possiamo essere al lavoro o a scuola o a divertirci con i nostri amici, e in qualunque situazione ci troviamo, quella è l'occasione perfetta per affidarci all'intelligenza aperta.

LA NASCITA DELLA VERA COMPASSIONE

Mettiamo che stiate provando grande contentezza nella vostra vita, ma che all'improvviso uno dei vostri genitori muoia o vostro figlio muoia inaspettatamente o che scopriate di avere una terribile malattia. Se la vostra contentezza si basava solamente su stati psicologici interni o su circostanze esterne, scomparirà quasi certamente di fronte a tali schiaccianti eventi.

Se non avete imparato che ogni apparizione, compreso il dolore, la malattia e la perdita di persone care, riposa sempre nella condizione fondamentale dello stato naturalmente stabile, allora, quando si verificheranno questi eventi difficili, non saprete cosa fare. Sarete completamente assaliti da storie sul perché questo genere di cose accadano e su cosa fare di esse.

Forse all'inizio potrebbe *sembrare* completamente impossibile affidarsi all'intelligenza aperta con stati estremamente afflittivi, ma questo non significa che sia impossibile. Posso parlare della mia esperienza: mi sono trovata in una situazione molto traumatica e tutto si è completamente capovolto, tuttavia ho scoperto che mi era possibile sentirmi a mio agio mentre sorgevano stati estremamente afflittivi come terrore, smarrimento, confusione e paranoia. Sono arrivata a vedere che chiunque può sentirsi a proprio agio anche quando sorgono stati di sofferenza.

È solo nel riconoscere l'intelligenza aperta che possiamo comprendere la natura non minacciosa degli stati afflittivi. Riconoscendo ripetutamente l'intelligenza aperta per brevi momenti, molte volte, ci rafforziamo in modo che quando appaiono gli stati afflittivi, siamo in grado di riconoscere l'intelligenza aperta al loro interno. Riconosciamo che l'intelligenza aperta è inseparabile da ciò che appare, come il colore blu è inseparabile dal cielo. Quando siamo in grado di farlo, questo provvede davvero al più grande beneficio.

Quando gli stati afflittivi sorgono, affidatevi all'intelligenza aperta! Non analizzate, definite, descrivete o cercate di capire in nessun modo ciò che sta apparendo. Andate direttamente all'intelligenza aperta e da nessuna altra parte. Mentre ci affidiamo sempre di più all'intelligenza aperta, cominciamo a vedere la mancanza di separazione tra la felicità e la sofferenza. Che cosa significhi ciò in modo pratico è che, se stiamo passando dei momenti leggeri o stiamo vivendo delle circostanze molto difficili, siamo totalmente a nostro agio e sereni.

Siamo profondamente consapevoli che, qualunque siano le nostre gioie o le nostre sofferenze, le stesse gioie e le stesse sofferenze avvengono per tutti gli esseri e non solo per noi. Smettiamo di relazionarci a noi stessi in termini di "povero me" e iniziamo a vedere più chiaramente che le gioie e le sofferenze sono esperienze comuni a ogni essere umano. Questa è la nascita della vera compassione.

SENTIRSI BENE IN OGNI STADIO DELLA VITA

Per molti di noi la storia della nostra vita adulta si potrebbe leggere così: "Oh, forse se riesco a trovare qualcuno che mi ama, le cose andranno meglio". Poi, una volta che ci sposiamo o abbiamo un partner, vediamo che questo non ci dà ciò che ci aspettavamo, così pensiamo che avere un figlio possa essere la chiave di volta. Così abbiamo il figlio, ma neanche il figlio ci da quello che stiamo cercando. Ora abbiamo il partner e il figlio e non solo abbiamo i nostri pensieri, emozioni, sensazioni ed esperienze, ma adesso siamo anche responsabili di quelle altre persone e dei loro dati.

Allora pensiamo: "Va bene, il lavoro giusto riuscirà a dare la svolta. Quando troverò quel lavoro avrò la possibilità di spiegare le ali e avere più appagamento". Poi troviamo quel lavoro e neanche questo ci dà l'appagamento. Otteniamo la casa, la macchina, i vestiti, il cibo e l'intrattenimento ma allora realizziamo che: "Beh, niente di tutto questo me l'ha dato davvero. Deve essere il pensionamento; questa è la cosa che me lo darà. Non avrò più questo lavoro noioso e avrò accumulato tutte le cose di cui ho bisogno. Allora mi sentirò bene".

L'età del pensionamento arriva e possiamo ritirarci, ma troviamo che neanche questo funziona. Adesso le ossa cominciano a farci male e il corpo sta cadendo a pezzi, non solo, non c'è modo di ripararlo. Nessun jogging, bungee-jumping, alpinismo o programma di auto-aiuto ci renderà di nuovo fisicamente robusti. Non possiamo fare le cose che facevamo quando eravamo giovani, e siamo lasciati come siamo. L'anziano in grado di avere un atteggiamento positivo, attraverso il processo di invecchiamento, è l'eccezione.

Se siamo abbastanza fortunati da affidarci ai brevi momenti, ripetuti molte volte, abbiamo l'opportunità di scrivere una storia completamente diversa. Acquisiamo i meccanismi per affrontare ciò che arriva in qualsiasi stadio della vita, in particolare più in là nella vita.

PACE DELLA MENTE PERMANENTE

Sentimenti di inadeguatezza, delusione e fallimento possono presentarsi, ma è importante chiedersi che cosa sono queste cose in ultima analisi. Per esempio, che cosa è un fallimento? Il fallimento ultimo è quello di non riconoscere e acquisire fiducia nella propria vera natura.

Non può esserci delusione più grande che essere controllati da idee convenzionali su chi siamo. Non c'è nulla da trovare nel soddisfare le nostre idee su noi stessi o le idee delle persone su di noi. Piuttosto che procedere con tutte queste idee senza uscita, abbiamo l'opportunità perfetta di acquisire certezza nell'intelligenza aperta quando appaiono pensieri di inadeguatezza o fallimento.

Esaminate se queste idee hanno mai portato qualcosa di benefico per voi. Che siano le vostre idee o le idee della vostra famiglia, della società, dei filosofi, degli insegnanti o di chiunque altro, esaminate dove hanno portato queste idee. Le idee sulle cose non portano ad una pace della mente che è permanente. C'è solo una fonte per quella, e quella fonte è la vostra stessa intelligenza aperta.

SUPERARE LA CAUSALITÀ

Ci sono sempre situazioni che toccano tasti delicati in cui i nostri dati vengono agitati. Parte di quell'intero processo è dare la colpa a coloro che hanno toccato i nostri tasti delicati, accusandoli di essere sbagliati e mostrandogli quanto sono cattivi, ma quel modo di procedere è davvero molto dannoso per il nostro benessere.

Nel momento in cui i nostri tasti delicati vengono toccati, quello è il momento di proteggerci immediatamente nell'intelligenza aperta. Allora, non importa quali possano essere i dati sulla persona o sulla situazione, siamo protetti nell'intelligenza aperta. Dobbiamo davvero proteggerci nell'intelligenza aperta; altrimenti i nostri tasti delicati continueranno ad essere toccati tutto il tempo.

C'è così tanto disagio in molte persone e così poche idee su cosa fare di quel disagio. La sola risorsa sembra essere quella di continuare a insistere che il disagio è colpa di qualcun altro. Uno dei motivi per cui il mondo si trova in questo stato è a causa di questa insistenza.

La cultura umana è sminuita quando non possiamo entrare in contatto con chi siamo e radicarci in ciò. Dobbiamo davvero vedere quanto sia triste al fine di essere disposti a cambiare il modo in cui ci relazioniamo a noi stessi e agli altri. Non è solo il modo in cui ci sentiamo rispetto agli altri ma il modo in cui ci relazioniamo a noi stessi. Se non riusciamo a vedere che c'è qualcosa di noi e di tutti gli altri che supera tutti i dati che appaiono, allora saremo coinvolti in ogni sorta di idee di causa ed effetto su ciò che sta succedendo.

Se ci rafforziamo nell'intelligenza aperta, allora superiamo la causalità. Che cosa significa questo? Significa che tutte le cose che pensavamo avessero una relazione di causa ed effetto non vengono più viste in questo modo. Potremmo aver pensato che una certa persona ci abbia reso infelici, ma superare la causalità significa che non vediamo più che qualcuno possa essere la causa della nostra felicità o infelicità.

RELAZIONI FAMILIARI AGEVOLI

Se qualcuno è veramente radicato nell'affidarsi alla lucida, chiara cognizione che è la propria intelligenza fondamentale, allora può automaticamente contribuire a circostanze benefiche per molte, molte persone. Non deve cercare di capire come essere benefico a tutti. In modo del tutto naturale l'intelligenza si apre in beneficio automatico per tutti.

Un esempio dei benefici dell'affidarsi all'intelligenza naturale è nelle relazioni familiari. Se una persona della famiglia è radicata nella lucida, chiara conoscenza, quella famiglia è estremamente fortunata, perché quel singolo individuo è aperto a tutti in famiglia e a tutti complessivamente. È aperto a persone che possono aver avuto poca o nessuna apertura prima, e i benefici di questo tipo di apertura sono enormi.

Molti di noi hanno difficoltà nella relazione perché spesso cerchiamo di far fare agli altri quello che vogliamo. Pensiamo: "Mi sentirò bene se faranno quello che voglio, e non mi sentirò bene se non faranno quello che voglio". Tuttavia, quando cresce la nostra familiarità con la lucida, chiara conoscenza, vediamo che non è affatto così. Le persone sono semplicemente quello che sono, e questo va bene. Grazie al potere di affidarsi all'intelligenza aperta avviene una profonda connessione e comprensione, senza bisogno che gli altri siano o agiscano in un certo modo.

Dove una volta avevamo difficoltà nella relazione, troviamo sempre più che non abbiamo difficoltà. Dove una volta avevamo tanta confusione su molte cose diverse, abbiamo sempre meno confusione, fino a quando non ci sarà nessuna confusione.

Facendo affidamento sull'intelligenza aperta vi affidate a quella completa fiducia che è sempre presente. In questo modo potrete prendere parte in situazioni che precedentemente vi avrebbero riempiti di ansia e fare esattamente ciò che deve essere fatto senza paura o apprensione. Le persone sono molto convinte da ciò che una persona totalmente chiara ha da dire, perché quando ci si affida all'intelligenza aperta, le persone che ascoltano il messaggio vengono messe a riposo, che vogliano essere messe a riposo oppure no, pur non sapendo esse che cosa sia il riposo.

Se siete veri con voi stessi, allora diventate una figura molto convincente, e questo è vero per tutti. Quando vi affidate all'intelligenza aperta, le persone vogliono sentire quello che avete da dire, non importa di cosa parliate. In qualche modo sanno che possono contare sull'efficacia di quello che state dicendo, perché è basato sulla comprensione profonda dell'intelligenza aperta. Anche se possono non aver conosciuto niente dell'intelligenza aperta, la riconoscono istintivamente, e quando gli parlate quel riconoscimento è parte del messaggio che ricevono.

Non ci sono copioni da scrivere; tutto ciò che viene detto è detto senza alcun pensiero di: "Oh, che cosa penseranno di me?" o "Come mi farà apparire?". Non c'è nessun riferimento a un'identità personale. C'è solo l'audacia suprema che viene dal parlare con autenticità. In termini della continua e pratica chiarezza della vita di ogni giorno, che siate impegnati con un gruppo grande o siate da soli, ci sarà un'audacia suprema in ogni momento.

VERA LEADERSHIP

Se hai bisogno di apparire in un certo qual modo a te stesso o a qualcun altro, non potrai esprimere vera leadership. Tuttavia, quando hai un coraggio risoluto non hai bisogno di apparire in nessun modo a te stesso o a chiunque altro. Questa è vera libertà e chiarezza, ed è da qui che provengono vera leadership e potere. Non puoi essere un leader veramente affidabile se hai bisogno che tutti i tuoi pensieri, emozioni ed opinioni vengano sempre approvati.

A un certo punto ti rendi conto che né i tuoi pensieri, le tue emozioni e le tue sensazioni né quelli di qualcun altro possono diminuire l'intelligenza aperta. Non importa ciò che gli altri stanno pensando di te o di se stessi, ciò non deve mai influenzare il tuo benessere. L'unico modo di avere il potere di influenzare una situazione in modo che sia reciprocamente benefico è attraverso quel tipo di intelligenza aperta. In caso contrario, cercherai sempre di essere in un certo modo che è prevedibile per te stesso e per tutti gli altri.

Quando sei risoluto, cavalchi uno tsunami di chiarezza e di potere che non è dettato dai dati. Nell'essere disposto a sentir parlare di questa incredibile libertà incrollabile, senza sforzo si apre una porta, e quando passi attraverso quella porta non c'è più ritorno: c'è il completo agio dell'essere che porta una brillantezza incredibile alla pelle e un sorriso sul tuo viso.

CORAGGIO IRREMOVIBILE

Qualsiasi pensiero abbiate, che siano ricordi del passato o paure di qualcosa che accadrà in futuro, il flusso dei dati appare in questo momento! Non c'è futuro vissuto fuori e non c'è passato in cui trascinarvi. È solo in questo momento. Questo è tutto; questo è tutto quello che avete.

Non importa quanto possa essere enorme e sconvolgente un'esperienza, non potete dipendere da essa. Così, qualunque dato stia scorrendo in questo momento, si sta auto-liberando spontaneamente. È proprio così, ma per vederlo chiaramente dovete prendervi l'impegno di essere totalmente irremovibili. Quando incontrate qualcuno che è irremovibilmente dedito all'intelligenza aperta, lo sapete. Si può dire che non ha nessun tentennamento.

Che siate un allenatore di basket, un compositore, un ingegnere di software, uno scienziato, un politico o un casalingo, il potere di comprendere la natura fondamentale della vostra esperienza vi darà una gamma estremamente ampia di opzioni per impegnarvi nel vostro lavoro. Prendete l'intelligenza aperta della vostra esperienza e la integrate nel lavoro da voi prescelto. Riscrivete tutto ciò che gli altri hanno fatto. Ciò non significa che dovete buttar via quello che è stato fatto prima; significa che vedete con la totale intelligenza aperta che cosa funziona e avete l'irremovibile coraggio di dargli forma. Con coraggio incrollabile, esprimete la magnificenza del vostro essere.

L'INIZIO DELLA FINE DI TUTTE LE STORIE

Vivere una vita basata su credenze convenzionali significa che avremo un flusso infinito di storie nelle nostre teste da dover riordinare. Per esempio, una storia comune è che siamo arrabbiati perché qualcuno ci ha detto qualcosa che non ci è piaciuto e a causa di ciò siamo di cattivo umore, e poiché siamo di cattivo umore tutto sembra negativo, e così via.

Tuttavia, se una tale apparizione di rabbia sorge e non c'è nessuna storia al riguardo, allora ci sarà l'agio che viene dal non tenere in pedi una storia. È così semplice: vogliamo la storia e la sua corsa sulle montagne russe di reattività emotiva e di pensiero compulsivo, o vogliamo conoscere l'agio che viene dal non seguire quella storia? Sperimentare il completo agio di non descrivere nulla è l'inizio della fine di tutte le storie.

O c'è la storia o c'è il riconoscimento dell'intelligenza aperta, ma finché ci saranno storie su storie, non ci sarà nessun riconoscimento chiaro. Ma quando avremo piena certezza nell'intelligenza aperta e non ci perderemo nelle storie, ci sarà una chiarezza che è assolutamente inossidabile e chiara come lo spazio puro, in cui ci sarà l'esaurimento simultaneo di tutte le colpe che abbiamo cercato di correggere e anche la perfezione delle qualità.

Cercare di analizzare e comprendere le storie attraverso la speculazione intellettuale non ci darà un sommo sollievo. Se analizziamo e speculiamo, allora rimaniamo bloccati in ogni sorta di etichette convenzionali. Potremmo continuare a dare senso e significato alle storie che sorgono nella mente: "Non voglio innamorarmi perché la persona di cui mi innamoro, potrebbe non amarmi. Non riesco a trovare il lavoro che voglio veramente perché non sono abbastanza bravo. Non posso fare quello che voglio veramente fare perché non mi va mai bene nulla". Ma queste storie favoriscono solo l'irrequietezza della mente. È come essere in un bagno di bolle con un mixer che agita tutte le bolle.

Non c'è bisogno di applicare antidoti al flusso delle storie. Il lavoro, l'alcool, le droghe, il cibo, le relazioni e il sesso potrebbero essere usati come antidoti, ma perché preoccuparsene? Nell'agio naturale dell'intelligenza aperta, troveremo tutto quello che abbiamo sempre voluto per la nostra vita e il potere di esprimerlo abilmente.

OGNI COSA SI METTE A POSTO

Pensieri negativi, emozioni e sensazioni possono sembrare così forti a volte che sono come un assalto al nostro benessere. Probabilmente non abbiamo chiamato quell'esperienza "un assalto al nostro benessere", ma, in generale, c'è un tono di ansia o di qualcosa non proprio a posto che ci portiamo con noi. Quest'ansia sottostante o anche palese deriva dal non essere in sintonia con la natura stessa.

Noi non vogliamo vivere la nostra vita sentendoci assaliti dall'ansia e usiamo antidoti per alleviare l'ansia per poterci sentire meglio. Potremmo esserci addestrati a pensare che quando si verifica un disagio dovremmo fare qualcosa o ingerire qualcosa per poterci sentire meglio. La maggior parte di noi ha un bel repertorio di antidoti per affrontare il proprio disagio, e gli antidoti possono diventare una dipendenza. Li usiamo perché ci siamo abituati a farlo, e arriviamo a dipendere da essi.

Ci prendiamo in giro se pensiamo di ottenere un sollievo totale attraverso l'utilizzo di un antidoto. A volte ci sentiamo meglio, ma qualunque sia l'antidoto, esso non ci darà un aumento di sollievo nel tempo. Potremmo pensare: "Wow, quella torta sembra così buona; ne mangerò quanta posso e mi sentirò molto meglio", oppure "non vedo l'ora di accendermi una sigaretta alla fine della giornata, e così mi calmo". Potremmo tornare ripetutamente agli antidoti ma non potremo mai veramente contare su di essi, perché non potranno mai fornire un sollievo totale dal disagio.

Dobbiamo davvero vedere cosa vogliamo in questo senso e riconoscere che c'è una sana alternativa all'utilizzare un antidoto: affidarsi semplicemente all'intelligenza aperta e cominciare a prendere confidenza con essa come la natura fondamentale del nostro essere. È molto più facile abituarsi a identificarsi con l'intelligenza aperta che abituarsi a tutti questi antidoti.

Più siamo certi dell'intelligenza aperta, più è probabile che non avremo affatto bisogno degli antidoti. Ma allo stesso tempo non vi è alcuna necessità di auto-colpevolizzarsi per tutti gli antidoti che abbiamo usato. L'attenzione deve essere sui brevi momenti di intelligenza aperta, molte volte, non su cose che abbiamo fatto e che vogliamo interrompere. Se veramente vedremo che queste cose non sono di alcun beneficio per noi, smetteremo naturalmente di usarle senza nemmeno pensarci, e questo avverrà in modo semplice. L'ho visto accadere ripetutamente. Attraverso la semplice pratica dei brevi momenti, tutto si mette a posto in qualsiasi modo debba accadere nella nostra vita particolare.

Dobbiamo conoscerci come realmente siamo e non perderci in pensieri, emozioni ed esperienze. Dobbiamo conoscere il loro fondamento, ciò che è inalterabile e immutabile.

La maggior parte di noi, ha creduto che i nostri pensieri e le nostre emozioni esistano di per sé, che siano un'entità sostanziale e che abbiano il potere di influenzarci. Quando crediamo a ciò, viviamo in un modo molto primitivo dentro di noi, perché sappiamo così poco su chi siamo veramente e così poco di quali siano realmente le nostre capacità e possibilità.

La nostra vita potrebbe essere stata piena di ogni sorta di descrizioni emotive: triste, felice, affranta dal dolore, gioiosa o in qualunque altro modo. Abbiamo rimbalzato da una parte all'altra come palline da ping-pong tra un'emozione e un'altra, cercando sempre di dargli un senso e dandogli un potere che non hanno.

Ma, che si tratti di un'emozione, di un pensiero o di un'esperienza cui diamo potere, nessuno di essi esiste di per sé. In altre parole non hanno una natura indipendente dall'intelligenza aperta. Senza conoscere ciò, torneremmo costantemente alla descrizione e al potere che crediamo abbia la descrizione.

Questa errata percezione è dovuta al fatto di non comprendere che tutte le percezioni appaiono in uno spazio cristallino di intelligenza aperta immacolata. Facendo gentilmente affidamento sull'intelligenza aperta piuttosto che enfatizzare i dati che appaiono in essa, l'impeccabilità dell'intelligenza aperta diventerà sempre più evidente.

ORIENTAMENTO BASATO SULLA SOLUZIONE

CAPITOLO DIECI

NESSUN DISTURBO NEL DISTURBO

Molti di noi sono stati alla mercé dei propri stati di disturbo per anni e anni. Ci siamo identificati con essi e abbiamo sofferto quando erano intensamente presenti. Brevi momenti, molte volte, taglia quell'identificazione e attraverso il potere della propria esperienza diventa evidente che non vi è in realtà alcun disturbo nel disturbo.

Quando la certezza nell'intelligenza aperta aumenta e non vi è più incertezza nella perfezione naturale, ci sarà una maggiore capacità di vedere che i dati sono più amici o alleati che avversari o nemici. Quando questo riconoscimento diventa più chiaro nella nostra esperienza, ben presto non ci sarà alcun bisogno di pensare ai dati o a qualche tipo di risposta ad essi.

Quando le persone sentono parlare di acquisire certezza nell'intelligenza aperta, pensano a volte che ciò significhi che i dati scompariranno completamente e non torneranno mai più, e vivranno in un meraviglioso paese delle fate dove ci saranno solo belle immagini perché l'intelligenza aperta avrà superato tutte gli stati disturbanti! Un breve momento di riconoscimento istintivo dell'intelligenza aperta rivela che le esperienze disturbanti continueranno a sorgere, ma noi non saremo dominati da esse. Quando lo vediamo chiaramente, allora possiamo riconoscere la saggezza che sorge da sé mentre appare il disturbo. A poco a poco arriviamo a vedere che tutti questi disturbi non ci disturbano a meno che non gliele permettiamo.

Con la forza della certezza nell'intelligenza aperta, diventa chiaro che i dati si auto-rilasciano e sono liberi al loro posto. Poiché non esiste un vero e proprio disturbo in essi, non c'è nulla che debba essere fatto. Quando avviene una certezza ancora maggiore nell'intelligenza aperta, i dati sono visti completamente vuoti di una natura indipendente. È come andare in una casa che sembrava spaventosa e trovarla niente affatto pericolosa. Non c'è niente lì che possa essere di disturbo in alcun modo.

Alla fine i dati sono completamente eclissati dalla loro perfezione naturale. Tuttavia, non è come se la perfezione naturale prendesse il sopravvento in qualche modo ed eliminasse i dati. No, noi cominciamo a vedere che la perfezione naturale è interamente presente nei dati. Non c'è mai stata una divisione tra i dati – fenomeni - e l'intelligenza aperta naturalmente perfetta. Riconoscendo questo gradualmente, ciò che sembrava essere due prima, ora non lo è. Non c'è due da nessuna parte.

IRREMOVIBILE AMORE E SAGGEZZA

La vita diventa davvero interessante quando tutti i nostri tasti delicati vengono toccati! Diciamo che siamo con un amico, il nostro partner, un familiare o un collega di lavoro, e loro cominciano a fare cose che ci infastidiscono. Se ci affidiamo all'intelligenza aperta invece di piombare in una delle nostre storie su ciò che stanno facendo, vedremo sempre più chiaramente come gestire una situazione che può averci causato molto dolore in passato.

Poiché siamo così abituati a reagire in un certo modo quando siamo infastiditi, in un primo momento può essere difficile non reagire nel modo consueto. Attraverso brevi momenti molte volte, arriviamo a riconoscere che c'è un modo molto più naturale di essere. Invece di reagire in base a schemi abituali di voler cambiare, evitare, sostituire o micro-gestire i dati, ci affidiamo all'intelligenza aperta che risponde naturalmente, e che è permeata da stabilità mentale ed emotiva, forte intuizione e abile perspicacia su ciò che è esattamente necessario. Più lo facciamo più ci rendiamo conto di non voler andare a quel solito posto di reattività. Continuiamo ad affidarci all'intelligenza aperta, e, se c'è bisogno di un'azione, non solo sapremo quale azione intraprendere, ma quell'azione sarà compassionevole e benefica per natura. Questo è molto importante e chissà dove porterà?

A volte le persone sono un po' timorose quando sentono qualcosa del genere e pensano: "Se mi affido all'intelligenza aperta invece di reagire, forse la gente mi calpesterà". Bè, potrebbe succedere di tutto, ma l'intelligenza aperta ha discernimento e stabilità naturali, per cui qualunque cosa accada, ci affidiamo alla chiarezza dell'intelligenza aperta e alla certezza interiore nei suoi poteri di beneficio, compassione, saggezza e abilità. Realizziamo che non abbiamo più bisogno di reagire. Siamo irremovibili nel nostro amore e nella nostra saggezza senza aver bisogno che gli altri siano in un certo modo.

QUATTRO PUNTI CHIAVE

Ci sono quattro punti cruciali da ricordare quando vengono suscitate situazioni emotivamente riscaldate: in primo luogo, riconoscete che un dato sta apparendo e affidatevi all'intelligenza aperta. Quindi, vi è il riconoscimento e la conferma che i dati stanno apparendo. In secondo luogo, permettete all'intelligenza aperta di rimanere così com'è: aperta e spaziosa all'apparenza della propria energia dinamica. Lasciate che il dato, qualunque esso sia, arrivi al suo pieno potenziale. Non cercate di sopprimerlo o di modificarlo in nessun modo. Diciamo che sentite paura: affidarsi all'intelligenza aperta non è un antidoto alla paura, ma è il mezzo per permettere alla paura di arrivare al suo pieno potenziale, orrendo, glorioso o quello che è.

In terzo luogo, vedete come il dato della paura svanisce naturalmente senza traccia. È in questo modo che arrivate a vedere che non c'è nulla da temere e nulla a cui aggrapparsi. Il quarto punto chiave è la comprensione sbalorditiva di questo processo di simultaneo inizio, pieno potenziamento e rilascio spontaneo del qui-e-ora. La profondissima comprensione di questo processo di risoluzione dei dati è l'intuizione più profonda che qualunque essere umano possa mai avere!

IN PACE CON NOI STESSI

Che ci piacciamo o no, in realtà non importa. Che abbiamo fatto buone cose o che abbiamo fatto cose cattive - o una combinazione delle due - nessuna di queste è la prova di essere un'identità individuale. Possiamo aver passato tutta la vita cercando di plasmarci in una persona buona, ma non abbiamo mai sentito di aver raggiunto tale obiettivo. Vuol dire che siamo un fallimento totale e irredimibile? No, queste etichette sono solo un altro modo che abbiamo scelto di identificarci.

In ogni momento di intelligenza aperta, a tutte le apparizioni viene dato ciò che gli spetta. Se crediamo alla storia di tutto ciò che abbiamo pensato di noi stessi allora siamo destinati ad essere molto incostanti. Un momento ci piacciamo, un momento ci odiamo; un momento ci piacciono gli altri e in un altro momento recitiamo una litania di disprezzo verso di loro. Ma conoscendoci in modo molto profondo, vediamo che la nostra identità-muta-forme non è mai stata altro che chiarezza, amore ed energia tremenda.

Se qualcuno vi dice: "Devi sbarazzarti dell'ego negativo che ti ha causato questo guaio in tutti questi anni", allora potete essere certi che quella persona non è un vero amico. Perché? Perché quel consiglio vi manterrà nella ruota del criceto, dove inseguirete qualcosa che non potrà mai essere raggiunto. Vogliamo mettere la nostra attenzione sul riformare un sé individuale o vogliamo riconoscere la nostra vera natura come intelligenza aperta?

ENORME POTERE ED ENERGIA

Il motivo per cui diveniamo depressi, preoccupati, arrabbiati, gelosi o consumati dal desiderio è perché sperimentiamo un'enorme quantità di energia di cui non sappiamo cosa fare. È l'energia dello stato fondamentale della perfezione naturale. Quando rilassiamo completamente il corpo e la mente, quell'energia viene rilasciata completamente per essere *così* com'è, invece di essere descritta in ogni sorta di modi. La nostra naturale disposizione è quella di essere pieni di energia benefica e di essere in grado di procedere nel modo che è più benefico.

Il nostro ossessivo focus su noi stessi smorza quell'energia, ma grazie al potere di riconoscimento istintivo dell'intelligenza aperta, l'energia viene rilasciata. Il fondamento di ogni cosa è pieno di enorme potere ed energia. Il vero significato della parola "potenziamento" è quello di sperimentare quell'energia e quel potere in modo deciso e diretto come il fondamento del nostro essere. Questo è il nostro naturale stato benefico, la nostra naturale energia benefica. Essa non ha bisogno di essere coltivata o sviluppata; è già presente. Nel suo semplice riconoscimento diventa evidente, proprio così.

LIBERI DALLA SOFFERENZA

Alcuni di noi sono stati depressi per tutta la vita e pensano che non saranno mai in grado di uscire completamente dalla depressione. Ma non importa quali siano le apparizioni o quanta presa possano avere. Quando scopriamo la base di queste apparizioni: l'intelligenza aperta, queste etichette non si attaccano più.

Se ci sentiamo veramente nella morsa di qualcosa e ci sentiamo spinti ad agire in un certo modo per alleviare la nostra ansia o la nostra depressione, possiamo affidarci a ciò che è il completo sollievo di ogni ansia, panico e depressione: la natura rilassata del nostro essere.

Molte volte abbiamo cercato trucchi ed espedienti per sbarazzarci dei nostri dati afflittivi, ma questi non hanno mai funzionato completamente. Anche se troviamo un modo per affogare gli stati di sofferenza per un po' con uno spinello o una bottiglia di vodka, quando queste cose svaniscono, che cosa succede? Le emozioni afflittive ritornano impetuose.

Quando acquisiamo familiarità con l'intelligenza aperta come fondamento della depressione, vediamo che la depressione stessa non esisterebbe senza l'intelligenza aperta. Invece di conoscere il solo aspetto della depressione come qualcosa che abbiamo sofferto e per cui avevamo bisogno di fare qualcosa, scopriamo l'aspetto più profondo della depressione che è l'intelligenza aperta. Quando acquisiamo familiarità con l'intelligenza aperta come fondamento della depressione, possiamo mantenere l'intelligenza aperta di fronte alla depressione senza dover alterare o modificare in nessun modo ciò che appare. Non collassiamo più in questa idea di essere vittime della depressione.

Realizziamo che nell'intelligenza aperta siamo veramente liberi dalla sofferenza, anche se c'è sofferenza. Questo è completamente al di là di ciò che può essere inteso in termini di pensiero dualistico. Il pensiero dualistico dice che o soffriamo o non soffriamo. Ma quando ci affidiamo all'intelligenza aperta scopriamo qualcosa di molto diverso. Troviamo che ciò che prima era afflittivo non è più afflittivo. Così arriviamo a vedere il potere dell'intelligenza aperta.

Io non sto dicendo che questi stati afflittivi scompaiono. Quello che sto dicendo è che, quando ci affidiamo all'intelligenza aperta, non li vediamo più come qualcosa che può alterare il nostro benessere. Nel mantenere l'inalterabile, immutabile intelligenza aperta, diventa sempre più evidente per noi che ciò che appare nell'intelligenza aperta, poiché è solo intelligenza aperta, non può alterare o modificare l'intelligenza aperta. Non importa ciò che appare, la sua apparizione è una vivida apparizione di intelligenza aperta.

STATI AFFLITTIVI: I NOSTRI PIÙ GRANDI ALLEATI

Quando appaiono stati afflittivi, può essere molto difficile riconoscere l'agio naturale del nostro essere, perché tutto in noi urla: "No, no, questo è troppo orribile. Non può essere parte dell'intelligenza aperta!". Quello è il momento più importante di tutti per rilassarsi.

Più ci rilassiamo e più cominciamo a vedere che tutti i dati che appaiono nell'intelligenza aperta sono nostri alleati anziché nemici. Quando queste apparizioni appaiono, riconosciamo l'intelligenza aperta intrinseca. Potrebbe essere che per tutta la vita abbiamo avuto paura degli stati afflittivi ma, attraverso l'intelligenza aperta, siamo in grado di vederli come vecchi amici. Gli stati afflittivi sono un grande supporto per affidarci all'intelligenza aperta; tuttavia, se continuiamo ad escluderli come se non appartenessero all'intelligenza aperta, allora torneremo ad essi ripetutamente.

Se, per esempio, abbiamo un dolore nel corpo e siamo focalizzati solo su quel dolore, allora questo è tutto ciò che vedremo. Ma se rilassiamo il corpo e la mente completamente, allora vedremo che questo dolore che appare non è nient'altro che un'apparizione della super-intelligenza e dell'impeccabile conoscenza. Se assolutamente insistiamo che abbiamo un dolore e che è il nostro dolore, allora questa è l'unica informazione che avremo e non saremo in grado di vederlo per quello che è veramente. Ma una cosa è certa sullo sperimentare il dolore: ci spinge a cercare sollievo dal dolore. Questo è il motivo per cui gli stati afflittivi sono i nostri più grandi amici. Senza di essi potremmo non essere mai mossi a scoprire la nostra natura ultima.

Quando acquisiamo familiarità con la nostra natura ultima ci sentiamo meglio tutto il tempo. Non c'è nessun altro modo di dirlo; non è una questione misteriosa o esoterica. La nostra vera natura non appartiene a nessun tipo di categoria, istituzione, filosofia o religione, non è mai stata posseduta da nessuna nazione e da nessuna persona. O siamo in grado di acquisire familiarità con essa o no. Quando acquisiamo familiarità con essa, allora passiamo completamente al di là di causa ed effetto.

Vediamo che tutte queste apparenze sono davvero alleati e noi non siamo mai stati alla loro mercé. Stà tutto in ciò che crediamo che siano. Se crediamo che siano dei mostri, lo saranno. Se pensiamo di essere governati da loro, allora lo saremo. Più ci conosciamo come siamo veramente, più vediamo che in realtà non siamo influenzati dalle etichette che abbiamo usato per descrivere ogni cosa.

I LEONI AL CANCELLO

Gli stati negativi sono sempre con noi, chiunque noi siamo. Essi sono imprevedibili, innumerevoli e incessanti e sono parte dell'energia dinamica dell'intelligenza aperta. A un certo punto nella nostra vita possiamo trovarci faccia a faccia con uno stato estremamente afflittivo, e, se siamo fortunati, non saremo in grado di ignorarlo! Verrà su a tutta forza; sarà lì e penseremo: "Accidenti, pensavo di poterlo evitare, ma adesso eccolo qui di nuovo". Non solo è lì, ma non riusciamo a liberarcene.

Questi stati negativi devono essere affrontati faccia a faccia, come la realtà di noi stessi, non ignorandoli, non cercando di sottometterli e non cercando di cancellarli dalla nostra esperienza. Questi stati emotivi afflittivi sono i leoni al cancello della piena certezza nell'intelligenza aperta. Quando sorgono questi stati afflittivi, potrebbe essere molto difficile per noi vedere veramente che anche loro sono il volto dell'intelligenza aperta e nient'altro.

Quando gli stati afflittivi arrivano a tutta forza, questo è il momento in cui è davvero importante avere supporto. Forse abbiamo già integrato tutti i dati positivi e neutri come intelligenza aperta, ma quando affrontiamo queste cose negative, vediamo perché abbiamo bisogno di affidarci a qualcuno che ha integrato i propri dati negativi come intelligenza aperta e che sa cosa vuol dire passare attraverso i leoni al cancello.

Quando gli stati afflittivi sorgono con grande veemenza, abbiamo la scelta di entrare in essi ed esserne governati o conoscerci come intelligenza aperta. Se abbiamo difficoltà a vedere che gli stati afflittivi non sono nient'altro che pura intelligenza aperta, allora quello è un buon momento per cercare sostegno. Dovremmo andare da persone che hanno integrato i propri dati negativi, perché queste sono le uniche persone che possono veramente aiutarci.

CHIARIRE LA RABBIA

Forse in passato avete avuto situazioni in cui vi siete arrabbiati con qualcuno e siete esplosi, ma successivamente avete pensato: "Hmm, forse non era una buona scelta", e vi siete sentiti davvero pieni di rimorso o anziché sentire rimorso forse avete sentito un'indignazione moralista: "Che cosa ne sanno? Se lo meritano. Ho ragione". In qualunque modo possa essere, è chiaro che arrabbiarsi in modo incontrollabile con qualcuno non è una risposta affabile o cooperativa a una situazione.

Cominciamo a vedere come queste reazioni ci hanno danneggiato e hanno danneggiato altri. Vediamo che

127

riconoscere l'intelligenza aperta di fronte a dati estremamente negativi è un'alternativa migliore rispetto al metterli in atto. Anche se potremmo non essere in grado di impedire a questi dati di apparire, quando appaiono possiamo almeno vedere che riconoscere l'intelligenza aperta è una migliore alternativa che esplodere nella rabbia.

Mettiamo che succeda qualcosa che ci ha fatto molto arrabbiare in passato. La vera svolta dell'intelligenza aperta arriva quando siamo nel bel mezzo della rabbia e comprendiamo – subito e di persona - che *tutto* è incluso nell'intelligenza aperta. Quando siamo in grado di affrontare la rabbia o qualsiasi altra emozione afflittiva, esattamente *così* com'è, permettendo il nudo vedere dal di dentro, ciò rilascia un'energia enorme per riuscire a vedere le cose per quello che sono.

I dati molto forti come la rabbia si basano sul cercare di difendere e proteggere noi stessi. Cosa stiamo cercando di proteggere e di difendere? La nostra cosiddetta individualità, che è quello che crediamo di essere. Quando cominciamo a sperimentare direttamente l'intelligenza aperta e ad acquisire certezza in essa, non abbiamo bisogno di comprendere ogni cosa sul perché facciamo quello che facciamo. "Ho il diritto di arrabbiarmi? Posso stare tranquillo in modo da non arrabbiarmi anche quando ho il diritto di esserlo? Perché non riesco a controllare la mia rabbia?". Rinunciamo ad affidarci alla speculazione intellettuale e ci affidiamo solamente all'intelligenza aperta. Nella nostra esperienza arriviamo a vedere che l'intelligenza aperta è una capacità propositiva migliore di qualsiasi nostro dato.

TOTALMENTE LIBERI

Ci sono molti esempi di persone che hanno acquisito certezza nell'intelligenza aperta, e molti di loro riportano la stessa cosa: sono stati i loro momenti di maggiore avversità: la guerra, la fame, la malattia, il disastro finanziario, la perdita di familiari e amici, gli stati terribilmente afflittivi, che hanno aumentato maggiormente la loro certezza nell'intelligenza aperta.

Ci potrebbero essere molte deviazioni da prendere, tuttavia se la dedizione è all'intelligenza aperta allora non ci sono davvero deviazioni. L'intelligenza aperta è molto confortante e fornisce un sollievo che è come nient'altro. Affidarsi all'intelligenza aperta è molto auto-rafforzante, perché è chiaro che farlo è molto meglio che affidarsi ai dati.

È molto più facile affidarsi all'intelligenza aperta con il supporto di un trainer, di un training e di una comunità. Non solo è più facile è anche molto più divertente! Se davvero vi impegnate in questo modo, allora molto rapidamente riconoscerete che l'intelligenza aperta è stata presente per tutto il tempo, ma che proprio non l'avevate notata.

Inizialmente è importante non essere distratti dagli stati negativi o perpetuarli rimanendo coinvolti nelle loro descrizioni. Quando acquisite maggiore certezza nell'intelligenza aperta, potreste avere gli stessi stati negativi che appaiono a tutta forza, ma sareste comunque totalmente liberi.

Vi godete ogni cosa molto di più, non avendo bisogno che sia in un certo modo. La libertà ultima è nell'intelligenza aperta, perché da lì siete totalmente liberi di essere ovunque, in qualsiasi situazione e con chiunque. Sapete cosa fare e come agire in ogni momento.

CONOSCERE LA SOLUZIONE

Se siete spaventati, arrabbiati, desiderosi, gelosi o se pensate di essere degli idioti, l'unica risorsa è l'intelligenza aperta. Ognuno di noi ha sentimenti che non può fermare; possiamo pensare di non essere all'altezza o di essere i più grandi sulla terra o di essere nel mezzo da qualche parte, ma nessuna di queste autovalutazioni ha un qualche significato. Restate con l'intelligenza aperta e tutto sarà visto per quello che è.

La fobia sociale, la paura, gli attacchi di panico, l'ansia e cose così, sono in realtà normali risposte ad una vita basata sui punti di vista, quindi non sentitevi anormali se sperimentate una qualcuna di queste cose. Queste sono risposte normali per una vita basata sulla descrizione di ogni cosa, dando senso alle descrizioni e cercando di tenere a bada le descrizioni. Grazie al potere dell'intelligenza aperta tutti questi tipi di paura vengono completamente superati. Tuttavia, la mancanza di paura non può avvenire attraverso l'analisi dei meccanismi della paura o conoscendo meglio la paura. Essa può avvenire solo attraverso il riconoscimento della base della paura, che è l'intelligenza aperta.

La paura e le fobie che avete sempre ritenuto essere così potenti e qualcosa che poteva farvi del male, sono ciò che vi renderà liberi! La vostra stessa libertà consiste nel riconoscere che l'intelligenza aperta è la base di tutte queste cose. Sarebbe persino impossibile sapere che cosa sono le descrizioni di "paura", "panico" e "fobia sociale" senza l'intelligenza aperta.

Questo è il significato di affidarsi all'intelligenza aperta per brevi momenti, molte volte, quando tutte queste apparizioni sorgono in noi. Brevi momenti, molte volte, possono sembrare troppo semplici o non in grado di funzionare, ma sono eleganti e robusti, e vi porteranno fino alla certezza nell'intelligenza aperta. Potete davvero contarci. Focalizzandovi su quei brevi momenti, non dovrete preoccuparvi di altre cose. Esse si placheranno completamente. Rimanete con ciò che funziona.

Una volta riconosciuta l'intelligenza aperta, non c'è modo di allontanarsi da essa. Non potete tornare a vivere in uno stato pieno di paura, di ansia e di sopraffazione. Una volta che conoscete la soluzione, sicuramente non vorrete tornare a vivere nel problema, perché avrete visto quale sia la soluzione. Anche se sentite di non star facendo alcun progresso nell'affidarvi all'intelligenza aperta, non importa, perché avete visto la soluzione.

Noi tutti vogliamo essere felici, ed è in realtà un'equazione molto semplice: l'intelligenza aperta più i dati è uguale alla felicità, perché i dati e l'intelligenza aperta sono uguali. Credere che i dati siano una cosa e l'intelligenza aperta un'altra cosa è il nocciolo del problema.

Come esseri umani passeremo tutti attraverso il processo della vita: nasciamo, viviamo una vita e poi moriamo. Un grande maestro di intelligenza aperta ha detto al termine della sua vita con il volto raggiante di gioia: "Oh, sì, la vita è proprio una delusione dopo l'altra!". Questo è essere veri. La vita è una delusione dopo l'altra! Abbiamo voluto fermare i nostri dati deludenti, ma questo è un grosso errore. Più deludenti sono e meglio è perché più deludenti sono, più è probabile che acquisiremo certezza nell'intelligenza aperta.

LA VERA NATURA DEI SOLDI

CAPITOLO UNDICI

UN MONDO INTERAMENTE NUOVO SI APRE

Molte persone sono preoccupate per i soldi, qualunque possano essere le circostanze. I soldi hanno una tale attenzione perché ci siamo abituati a sbagliare ad identificare ciò che è il denaro. Crediamo che il denaro sia la fonte di cibo, vestiti e riparo oltre ad essere fonte di benessere. Pensiamo che non avremo benessere se non abbiamo soldi, e pensiamo che avremo benessere se avremo soldi.

L'intero carrello di mele viene capovolto quando acquisiamo certezza nell'intelligenza aperta. Ci accorgiamo sempre di più che non pensiamo ai soldi nel modo in cui usavamo fare. I soldi non sono più una preoccupazione di fondo ossessiva che governa le nostre vite. Invece, la perfezione naturale è vista come il fondamento, e i soldi sono riconosciuti come solo un altro dato.

Se davvero vi assumete un impegno al cento per cento per l'intelligenza aperta, si aprirà un mondo davanti ai vostri occhi che sarà come nessun altro mondo abbiate mai visto prima. Ciò può avvenire in molti modi diversi, ma, poiché abbiamo parlato di soldi, prendiamo quello come esempio. Ci potrebbe essere stato uno scenario in cui stavate rimanendo a corto di soldi e non avevate mezzi evidenti per ottenere più soldi. Poi ad un tratto, attraverso alcune strade che non vi sareste mai aspettati, i soldi che erano necessari vi sono arrivati. Non avete veramente dovuto cercare di acquisirli in alcun modo convenzionale; sono diventati presenti per voi senza che abbiate fatto nulla per ottenerli.

Quando si vive in un mondo fatto solo di dati sui soldi, si vive in una maniera del tutto limitata. Non riesco nemmeno a trasmettere quanto sia limitato vivere in quel modo. La vera libertà viene con la completa risoluzione delle preoccupazioni che circondano le esigenze personali. Potreste aver avuto idea che ottenere cibo, denaro e vestiti fosse qualcosa di cui essere preoccupati, con cui lottare e su cui focalizzarsi, ma ancora una volta, queste sono idee che potrebbero effettivamente non essere vere.

Forse avete avuto a che fare con la mancanza di soldi per tutta la vita, ma poi quando iniziate ad acquisire certezza nell'intelligenza aperta, potreste notare che queste cose che sembravano così difficili da ottenere, per qualche motivo, non sono più difficili da ottenere, ma non avete davvero fatto nulla. Tutto quello che avete fatto è stato acquisire certezza nell'intelligenza aperta.

Non sto suggerendo questo come una sorta di espediente per fare soldi o come un programma di speranze false. Sto solo dicendo che se acquisite certezza nell'intelligenza aperta le vostre preoccupazioni su soldi, cibo, sesso, alloggio, vestiario, lavoro si risolveranno nella luce luminosa dell'intelligenza aperta. Troverete che non avete mai avuto bisogno di preoccuparvi di una qualsiasi di queste cose.

Troverete anche che i tentativi valorosi per cercare di ottenere tutte queste cose nella vita sono al meglio di secondaria importanza. Queste cose non sono realmente i luoghi per investire il vostro tempo o la vostra energia quando si tratta di capire lo scopo della vita umana e il potenziale del vostro corpo e della vostra mente.

Acquisendo certezza nell'intelligenza aperta, acquisite fiducia nel fatto che c'è una via fondamentale che si prende cura di ogni cosa. Tutte le preoccupazioni che avevate su come sarebbero state appagate le neccessità di base vengono liberate dall'essere il centro dell'attenzione.

IL NOSTRO GENEROSO STATO D'ESSERE

Chiunque si dedichi completamente all'intelligenza aperta scoprirà che l'intelligenza aperta è uno stato d'essere completamente generoso. La nostra vera identità è lo stato di base naturalmente perfetto, e dal suo riconoscimento diventa possibile avere una equanimità vitale che pervade ogni esperienza. C'è capacità di visione, stabilità mentale ed emotiva e abilità che ci mettono in grado di risolvere problemi precedentemente irrisolvibili, siano essi problemi personali o collettivi.

L'affidamento totale all'intelligenza aperta può veramente portare a un'età dell'oro in cui siamo tutti disposti a condividere le risorse allo stesso modo e siamo disposti a impegnarci in modo democratico e cooperativo con gli altri esseri a livello globale. Inoltre non possiamo governare o legiferare un'equa condivisione delle risorse nel pianeta. Questo deve venire da una pace innata e dalla volontà di condividere.

Se qualcuno per strada si avvicinasse a un passante e dicesse: "Ho davvero bisogno di una giacca; per favore posso avere la tua?", la prima reazione potrebbe essere: "No, non mi infastidire", perché la risposta di base di molti di noi potrebbe essere quella di evitare situazioni come questa o di aggrapparci a ciò che abbiamo. Se manteniamo questo atteggiamento, allora viviamo la vita come un grande "no" alla condivisione. Ma riconoscendo istintivamente la natura benefica dell'intelligenza aperta è possibile accedere al grande "sì" dentro di noi che ci permette di dare con generosità e facilmente.

Quando ci viene chiesto di dare, quella è una meravigliosa opportunità per esaminare come spesso contrattiamo e non vogliamo dare. Se ci dedichiamo completamente all'intelligenza aperta, troveremo che l'intelligenza aperta è uno stato d'essere completamente generoso. Possiamo chiederci: "Che cosa c'è da trattenere?". Possiamo anche arrivare a riconoscere che dare può avvenire in molti modi, non solo donando soldi o oggetti fisici.

Quando acquisiamo completa certezza nell'intelligenza aperta, tutte le preoccupazioni che abbiamo su come ci perverranno le risorse di base - cibo, soldi, alloggio, vestiario – non sono più al centro dell'attenzione. Ci accorgiamo che non abbiamo bisogno di nessuna cosa in particolare, al fine di sentirci completi. Forse abbiamo coltivato l'idea che abbiamo bisogno di preoccuparci per il nostro benessere in termini di cibo, denaro e vestiti e che queste sono cose per cui affannarsi, e che abbiamo bisogno di spendere il nostro tempo, la nostra energia e la nostra attenzione, focalizzati su di essi al fine di andare avanti. Tuttavia, il fatto che noi e molti altri hanno avuto questa idea non significa che in realtà sia vera.

Potrebbe accaderci in qualche modo di avere più soldi di quanti ne potremmo mai spendere; tuttavia, sappiamo che le banche e le imprese sono fallite in passato e che potrebbero fallire di nuovo, proprio come stanno fallendo adesso, e che non si può mai completamente contare sul fatto di ottenere e mantenere i soldi. Essendo in grado di recepire realmente questo, le credenze che abbiamo fortemente mantenuto sui soldi diventano sempre meno interessanti per noi.

Quando ci affidiamo ai brevi momenti di intelligenza aperta, ripetuti molte volte, ci permettiamo di allentare il nostro coinvolgimento nel tentativo di controllare tutti questi dati. Avete mai costruito un castello di carte? Le carte sono posizionate accuratamente una sull'altra, ma con un solo soffio possono crollare tutte. Vivere in un castello di carte è un modo di vivere molto precario e stressante.

È molto meglio dedicarsi e fare affidamento sui brevi momenti di intelligenza aperta e scoprire l'intelligenza benefica di ciò. Questo aprirà ogni sorta di nuove possibilità per rendere certo che abbiamo una vita veramente meravigliosa e abbondante.

Quando viviamo la nostra vita in base ai dati, allora spesso cerchiamo l'identità nel denaro, nella proprietà e nel prestigio. Con soldi, proprietà e prestigio, più ne abbiamo, più ne vogliamo. È un pozzo senza fondo per cercare costantemente di più. Spesso accumuliamo queste cose perché cerchiamo di farci riconoscere dagli altri in modo da poter sentire di essere qualcuno.

La speranza dei soldi, il preoccuparsi di dove trovare più soldi insieme alla speranza che i soldi che abbiamo non scompariranno o che ci siano tolti, è spesso una grande attenzione nella vita di molte, molte persone. Ma tutti i soldi che avete avuto vi hanno mai completamente soddisfatti? Se aveste tutti i soldi del mondo, sarebbero sufficienti? Potreste essere nella posizione di dire: "Ho miliardi di dollari e posso fare quello che voglio; posso dominare tutti". Ma per quanto tempo sarebbe soddisfacente quella sensazione? Queste enormi ricchezze porterebbero davvero pace a una mente vagante che passa costantemente da un pensiero all'altro?

Se vi piace il cibo, forse a volte non ne potete avere abbastanza e continuate a mangiare e mangiare. Nel corso della vita, ciò potrebbe finire per essere una montagna di cibo, ma è mai stata pienamente soddisfacente una qualsiasi parte di tale montagna di cibo? Probabilmente avete bevuto laghi di bevande, ma tutto quel bere ha mai completamente spento la vostra sete?

Il sesso è un altro settore della vita da cui è catturata la gente. Diciamo che avete avuto tutte le migliori esperienze di sesso nel mondo con partner favolosi che hanno fatto tutto nel modo in cui volevate. Sarebbe davvero così meraviglioso come lo avete immaginato nella vostra mente, e sareste mai completamente soddisfatti?

Diciamo che avete avuto tutto quello che volevate nelle relazioni, nel lavoro, col denaro, nelle attività ricreative o nella situazione politica mondiale; assicurerà tutto ciò il vostro benessere e renderà la vita sempre migliore nel tempo? No. Nessuna di queste cose è in grado di offrirvi benessere totale, perché il vostro benessere non è in nessuna di queste cose. Solo la vostra vera natura è in grado di offrirvi benessere e beneficio totale, che è presente qualsiasi cosa accada.

Una volta che sappiamo che abbiamo dentro di noi il potere di avere completo benessere in ogni momento, è come trovare la gemma più preziosa che esista. Quando troviamo questa preziosissima gemma, la stimiamo e la riconosciamo in ogni modo e in ogni occasione possibile. Quando scopriamo questa gemma dentro di noi, i benefici non possono essere paragonati a niente altro che la vita abbia da offrire.

VERO BENESSERE

Stiamo vivendo la vita in modo da sentirci protetti dalla quantità di soldi che abbiamo sul nostro conto corrente? Se è così, potremmo pensare: "Ho lavorato duramente, ho messo tutti questi soldi da parte, ho dei buoni investimenti, i miei soldi saranno lì per i tempi difficili, e questo è ciò che mi sosterrà". Bene, con la crisi finanziaria e il crollo di tante banche e istituzioni finanziarie, quel tempo difficile è effettivamente venuto, e molte persone hanno scoperto che i soldi che pensavano fossero lì per loro non c'èrano affatto. Pensavano di vivere in una terra di abbondanza ma quella presunta terra di abbondanza era a una frazione di secondo di distanza dall'essere una terra di recessione e avversità.

È davvero importante essere realisti con ciò che sta accadendo. Non possiamo contare sui nostri dati, perché non potranno mai portarci completa felicità e benessere. Sappiamo anche di non poter contare sul nostro corpo fisico, e lo sappiamo dal momento in cui abbiamo aperto gli occhi per la prima volta e abbiamo fatto il nostro primo respiro piangendo.

Eppure, se anche potesse esserci qualcosa di forte, come la paura dell'insicurezza finanziaria, la paura svanirebbe in modo naturale senza lasciare traccia se fosse lasciata semplicemente così com'è, senza elaborare sulla storia intessuta dopo che appare la paura. Ma ciò che accade invece è che quando sorge la paura, di solito appare anche una storia basata su quella paura.

Ad esempio, appare la paura dell'insicurezza finanziaria e tutto ad un tratto c'è una connessione immediata di altri punti salienti con tutti gli aspetti della storia: il dubbio su se stessi e sulle proprie capacità, la mancanza di un lavoro, la mancanza di soldi, l'idea che soffriremo di questo problema per sempre e così via. Quando arriva la paura, non c'è davvero nulla da dire su di essa. Si potrebbe dire qualcosa su di essa, ma questa non è la soluzione ottimale.

È inutile credere in queste storie. Continuare a cercare benessere nelle nostre storie e passare decenni di vita a cercarlo senza trovarlo, e continuare a cercarlo, beh, questo è faticoso! Perché sono così epidemiche l'ansia, la confusione e la depressione? Si cerca il benessere nel posto sbagliato, ecco perché. Ciò che è mancato in tutta questa ricerca di benessere è la completa stabilità mentale ed emotiva che è proprio qui, in questo momento.

SOLUZIONE A TUTTI I PROBLEMI

È molto probabile che per molti di noi l'attenzione si sia focalizzata sull'acquisire le cose di cui abbiamo bisogno per avere un certo tipo di vita. In altre parole, sentiamo di aver bisogno di lavorare duramente per fare i soldi che soddisfino i nostri desideri e i nostri bisogni, e passiamo tantissimo tempo a preoccuparci dei soldi e a cercare di guadagnare dei soldi per soddisfare tali esigenze. Siamo preoccupati se avremo la quantità di denaro che riteniamo necessaria per sentirci al sicuro.

Anche se qualcuno ha una grande quantità di denaro a propria disposizione e non ha bisogno di lavorare, avrà delle preoccupazioni. Una volta che diventiamo così focalizzati su queste preoccupazioni rispetto ai soldi, i soldi sembrano essere completamente fondamentali per la nostra esistenza, ed è davvero difficile vederla in un altro modo. Si crea una sorta di cecità in noi.

Alcune persone sono costantemente alla ricerca di soldi, sperando di avere più soldi, preoccupandosi di dove andranno a prendere il prossimo carico di soldi, sperando che i soldi che hanno non scompariranno o gli saranno presi. Può sembrare duro dirlo, ma questo è quello che fa un tossicodipendente. Un tossicodipendente è sempre alla ricerca della prossima dose; è preoccupato che la droga non durerà abbastanza a lungo e si chiede dove potrà trovare la prossima connessione per avere più droga.

Conosco persone che hanno milioni di dollari che sono ancora preoccupate per i loro soldi. Sentono di non averne abbastanza o di non essere in grado di mantenere ciò che hanno. Se hanno figli, sono preoccupati che i loro figli non saranno in grado di gestire tutti i soldi che alla fine erediteranno. Se qualcuno ha tutti quei soldi, prendersi cura di essi può finire per essere una grande preoccupazione. Quindi, se avete mai pensato: "Oh, sarebbe bello essere un milionario", sappiate che ci saranno ancora dei dati sui soldi indipendentemente da quanti ne abbiate.

Tuttavia, la maggior parte delle persone non ha il problema di "essere un milionario". Per loro il problema è dall'altra estremità della scala: il problema zero milioni, cioè che hanno pochissimi soldi. Sono preoccupati per come procurarsi cibo da mangiare, benzina per l'auto, scarpe nuove per i figli e l'assistenza sanitaria di cui hanno bisogno ma che non possono permettersi. Tuttavia, pensare che sei un milionario o pensare che sei un milionario a zero, sono solo due lati della stessa medaglia; la vostra vera identità non si trova in nessuna di queste descrizioni.

Mantenendo l'intelligenza aperta vi aprite a uno stile di vita completamente nuovo. È un'avventura incredibile, quando tutta la vostra esperienza - veglia, sogno, sonno, nascere, vivere, morire, abbondanza o mancanza - è in sintonia con la vostra natura pacifica. Ecco dove troverete le soluzioni ai vostri problemi personali, problemi di soldi e problemi del mondo.

UN REGISTRO DI SPESA

Uno dei modi per familiarizzare con il modo in cui funzionano davvero i soldi è quello di tenere un registro di spesa. Un registro di spesa vi mostra come spendete i soldi. Tenete traccia ogni giorno dei soldi spesi in diverse categorie: cose personali, spese commerciali, cibo, alloggio, divertimento, abbigliamento, ecc. Alla fine del mese sommate le spese in ognuna di queste categorie e vedete dove vi piace spendere i vostri soldi.

Alla gente piace spendere i soldi in cose diverse; non deve esserci un solo modo per gestire i soldi. Tenere un registro di spesa è un buon modo per sviluppare un ottimo rapporto con i soldi. Non ci sono limiti sui soldi, ma a meno che non ci si renda conto che i soldi non hanno una natura indipendente, il punto di vista che circonda i soldi sarà limitante e restrittivo.

Se siete molto parsimoniosi o spendete costantemente più di quello che avete o siete da qualche parte nel mezzo, a un certo punto sarebbe utile per voi fare affidamento sull'intelligenza aperta in relazione ai dati dei soldi e all'agitazione che ciò comporta. I soldi possono comportare significativi disturbi emotivi, e quando ci affidiamo all'intelligenza aperta, iniziamo a notarlo. Ci chiediamo: "Wow, ho queste reazioni emotive ai soldi; di cosa si tratta?". Riconosciamo il senso e il significato che abbiamo dato ai soldi. Essere in grado di riconoscerlo viene da una profonda comprensione e quella profonda comprensione può solo venire affidandosi all'intelligenza aperta.

Quando vediamo che abbiamo avuto una reattività inappropriata a qualcosa che non ha una natura indipendente, come i soldi, allora possiamo semplicemente rilassarci. Ciò non significa che smettiamo di lavorare presso i nostri posti di lavoro, di tenere traccia dei nostri investimenti o che non teniamo conto del fatto che abbiamo bisogno di mangiare ogni giorno. Significa solamente che non importa quale sia il nostro stile di vita coi soldi, gli prestiamo attenzione in modo molto rilassato.

Molti pensano che i problemi legati ai soldi possano farli realizzare o distruggerli. Arrivando ad affidarci completamente all'intelligenza aperta con i dati potenti dei soldi scopriamo che, non solo questo dato particolare si risolve nella pervasiva intelligenza aperta, ma anche che molti altri dati potenti si risolvono automaticamente.

L'INVESTIMENTO SENZA SVANTAGGI

Quando trovate la vostra natura pacifica dentro di voi, quell'esperienza non può essere eguagliata da nient'altro nella vita. Quello è il tesoro più grande che possiate trovare nella vita. Non c'è niente di più grande. Potreste avere tutti i soldi del mondo, tutti i cibi migliori o qualsiasi altra cosa stiate cercando nel mondo, ma ciò non potrà nemmeno avvicinarsi alla vostra natura pacifica. La vostra natura pacifica vi porterà fino in fondo. Quando sarete sul letto di morte, la vostra natura pacifica sarà l'unica cosa che potrà sostenervi. Andare sul letto di morte con l'esperienza della pace è essere in grado di riposare in pace e morire in pace. Quella pace è libera da tutte le nozioni su qualsiasi cosa.

Affidandovi all'intelligenza aperta fate il miglior investimento possibile. Fate un investimento senza svantaggi e con soli vantaggi. Sapete di aver trovato ciò che funziona davvero. Quando vedete che tutte quelle cose su cui contavate crollano intorno a voi e vi sentite ancora forti, tranquilli, felici e volete farvi avanti e aiutare qualcun altro, anche se il mondo sta cadendo a pezzi, allora sapete che la vostra natura pacifica sta diventando più evidente.

Tutto può succedere: le banche potrebbero fallire e voi potreste perdere tutti i vostri soldi, i mercati economici mondiali o i mercati immobiliari potrebbero crollare. La gente pensa: "Oh, certo. Può essere successo prima, ma non potrebbe mai accadere adesso". Tuttavia, banche e istituzioni finanziarie che la gente pensava fossero intoccabili sono andate in bancarotta. La gente ha perso milioni e milioni di dollari quando i mercati azionari e i mercati finanziari di tutto il mondo sono crollati.

Poiché non sappiamo mai cosa succederà, vogliamo prepararci con ciò che può sopportare qualsiasi esperienza. Nessuna di queste inaffidabilità finanziarie andrà via. Potremmo quindi tirare un sospiro di sollievo, rilassarci e conoscerci come siamo veramente e scoprire i migliori mezzi possibili per affrontare le circostanze che ci troveremo di fronte.

Ora, quando un fiume scorre, a volte precipita giù velocemente, altre volte scorre su rapide e successivamente nel suo viaggio può scorrere facilmente e dolcemente senza ostacoli, ma, non importa cosa succeda, il fiume continua a scorrere. Potrei prendere come esempio il fiume Gange che scorre dall'Himalaya in India. Fuoriesce da un ghiacciaio in alta montagna, passa attraverso cascate e rapide e poi alla fine scorre giù in pianura. Le persone buttano di tutto nel fiume lungo la strada - spazzatura, rifiuti, sporcizia, animali morti – e il fiume continua a scorrere, non importa cosa ci sia in esso o quali ostacoli gli si frappongano.

In modo simile, lasciate semplicemente che tutte le circostanze della vita facciano quello che fanno. Le nostre vite scorrono in modo naturale a prescindere dagli ostacoli, e per tutto il tempo rimaniamo ancorati completamente all'intelligenza naturale e alla natura pacifica che sono alla base di ogni cosa.

Qualunque siano queste situazioni, non c'è nulla da temere e nulla da cui nascondersi. Perché avere paura di ciò che la vita vi porterà? Siete già solidi come la roccia. Affidatevi a ciò che vi porterà attraverso qualsiasi crisi.

VERA TRASFORMAZIONE DEL MONDO

L'economia mondiale ha subito enormi battute d'arresto, e la gente sta cercando di lottare usando tutti i vecchi modi di strutturare un'economia per rimetterla di nuovo in piedi. Sorgeranno nuovi modi di strutturare i mercati di capitale e questi nuovi modi probabilmente non verranno da persone che hanno creato i vecchi modi di strutturare l'economia.

La gente di tutto il mondo sta scoprendo quanto potere ha e in gran parte questo è avvenuto attraverso Internet e le telecomunicazioni, dove le persone possono ora riunirsi dal basso e creare un'ondata di cambiamento.

Mentre le nostre istituzioni esistenti si stanno sgretolando, altre istituzioni stanno nascendo. Queste istituzioni che emergono sono fluide e flessibili e si basano su qualcosa di completamente nuovo. Dire che queste istituzioni stanno crollando e che c'è un nuovo modo di intendere la natura delle cose non significa che una crolla e poi un'altra nasce. Esse sono simultanee. È in concomitanza del crollo del vecchio e della comparsa del nuovo che avviene un cambiamento molto potente.

Le più grandi innovazioni, in qualsiasi campo possano essere, verranno dal rinunciare a fare affidamento sui dati e dall'affidarsi invece all'intelligenza aperta per trovare soluzioni ai problemi. È un momento molto emozionante, ma la transizione sarà notevolmente ostacolata se cercheremo di aggrapparci alle nostre vecchie idee e ai nostri vecchi modi di affrontare i problemi.

Piuttosto che essere distratti da tutti i cambiamenti eccezionali che si stanno verificando nel mondo, è importante radicarci nell'intelligenza aperta. Questo è ciò che ci porterà fino alla fine.

FELICI AL LAVORO

Potete essere felici nel vostro lavoro mantenendo l'intelligenza aperta, acquisendo più familiarità con l'intelligenza aperta e prendendo più confidenza e certezza nell'intelligenza aperta. Acquisendo sempre più certezza nell'essenza di ciò che siete, avrete l'energia per essere veramente di beneficio a tutti coloro che entrano in contatto con voi. Di solito le persone non vanno a lavorare con questa attitudine; molti vogliono solo fare abbastanza per essere pagati e poi tornare a casa. Ma andare a lavorare con l'intenzione di beneficiare il vostro datore di lavoro, i colleghi e tutti coloro che incontrate durante il vostro lavoro, beh, quello è un buon motivo per andare a lavorare!

Trovando completo agio e sollievo dentro di voi, piuttosto che fare affidamento sulle descrizioni - "arrabbiato, felice, triste, depresso, oberato di lavoro, stufo del lavoro, bisognoso di una vacanza" - cominciate a vedere che non c'è divisione in voi.

Potrebbe essere che durante la giornata lavorativa sorgano cose come: "Se non dovessi lavorare oggi potrei andare a fare surf," o "Se avessi già abbastanza soldi non dovrei fare questo stupido lavoro", o "non vedo l'ora di andare in vacanza". Se stai pensando "vacanza" o "giorno di lavoro", entrambi questi pensieri sono altrettanto inconsistenti. Sarebbe utile guardare veramente a cosa vi state sottoponendo approfondendo queste descrizioni di vacanza rispetto alla giornata lavorativa.

Dove sono collocate queste descrizioni in realtà? Non c'è nessun luogo in cui una vacanza o una giornata di lavoro esista come una cosa sostanziale e indipendente che ha il potere di influenzare il vostro benessere. I concetti: "vacanza" o "giorno di lavoro", hanno davvero il potere di farvi vivere una buona o una cattiva giornata?

È solo attraverso l'addestramento in queste convinzioni per tutta la vita che siete arrivati a credere che queste idee ed emozioni hanno modo di influenzare il vostro benessere. Essere al di là delle emozioni non significa essere privi di emozioni; invece, al sorgere delle emozioni scegliete la chiarezza piuttosto che avvitarvi in uno stato emotivo. Cominciate a vedere che tutti questi eventi, emozioni, pensieri e idee non hanno il potere di influenzare la stabilità innata di chi siete.

MOLLARE LA LOTTA

Se siete stati intensamente competitivi in alcune aree della vostra vita, come nel lavoro, nel guadagnare soldi, nell'accumulare beni, o in competizioni atletiche, grazie al potere di acquisire certezza nell'intelligenza aperta perderete il piacere che avete provato dominando e sconfiggendo gli altri. Il desiderio di essere migliori degli altri scomparirà e sarà sostituito da un intenso appagamento in qualunque cosa a cui parteciperete, che si tratti di atletica o di affari o di qualsiasi altro settore della vita.

Invece di vedere qualcuno come un concorrente, è possibile approcciare chiunque con la visione equilibrata della cooperazione completa. Non c'è nulla di separato da voi; ogni cosa e ognuno è un'apparizione nello stato di base dell'intelligenza aperta. Quando acquisite certezza nell'intelligenza aperta siete completamente radicati in ciò senza

145

bisogno di dominare, controllare o assumere una posizione di potere su altre persone.

C'è così tanta attenzione nella nostra società sull'essere i migliori, distinguersi, essere famosi e avere più soldi di altre persone. Perché non scoprire chi siete e poi vedere dove vi porta in relazione a tutte le altre apparizioni?

Quando vi allenate nell'intelligenza aperta, vi allenate in un eccellente processo decisionale, vi allenate in saggezza, vi allenate in una visione equilibrata e vi allenate a vedere tutto chiaramente. Che facciate pattinaggio su ghiaccio, giochiate a tennis o vi dedichiate all'economia, alla scienza o alla politica, lo fate con una visione equilibrata e senza sforzo. Potete essere impegnati in un'attività intensa, ma quell'attività intensa proviene da un luogo di totale intelligenza aperta e agio. L'intensa attività riposa in uno stato di base fondamentale.

Guardate dentro di voi e dite: "Beh, chi sono io veramente?" e poi lasciate che la scoperta di ciò resti forte nel vostro incontro diretto con tutto ciò che appare. Una volta che scoprite chi siete e vi allenate in quel riconoscimento, tutte quelle altre apparizioni iniziano davvero ad avere senso e non sono più un grosso problema. Non importa ciò che accade nella vita, avete quello che vi serve.

Questo è ciò che volete veramente nella vita: volete questa visione equilibrata simile al cielo. Non desiderate una lotta competitiva con altre persone. L'unica cosa che vi porterà facilmente attraverso la vita è di di rilassare e liberare la mente dalla necessità di essere coinvolta in tutte queste idee erronee, di liberarvi nel vostro stato di base, di liberarvi nell'intelligenza aperta, di liberarvi in una visione equilibrata. Più siete in grado di fare questo, meno avrete bisogno di lottare in modo competitivo con altre persone.

MALATTIA, INVECCHIAMENTO E MORTE

CAPITOLO DODICI

GRANDE SOLLIEVO

Malesseri e dolori fanno parte dell'avere un corpo umano, ma rimanere coinvolti nel focalizzarsi su quei malesseri e dolori, e cercare di ottenere la compassione degli altri, può portare a una vita molto cupa. Nel corso della nostra vita impariamo a sviluppare schemi descrittivi per i sintomi della malattia, sia psicologici che fisici, ed è abbastanza facile farsi prendere da ciò che potremmo chiamare "sintomatologia".

Recentemente ho visto una bambina di tre anni sollevare il piede per farmelo vedere dicendo: "Guarda! Guarda!". Così ho guardato il suo piede e ho pensato che stesse indicando le sue calze nuove, così le ho fatto i complimenti per le calze. Ma lei mi ha detto con molta veemenza: "No, guarda la mia caviglia!". Si è tolta la calza e la scarpa per mostrarmi il piccolo graffio sulla caviglia e voleva fortemente che lo notassi.

È facile vedere nei bambini piccoli come avvenga l'attenzione per ricevere compassione per malesseri e dolori. Quando i bambini piccoli cadono, una delle prime cose che fanno è quella di guardare per vedere come le persone intorno a loro reagiscono, poi spesso cominciano a piangere e gli adulti di solito rispondono con qualcosa come: "Oh, poverino!". Questo esempio potrebbe essere visto come un'analogia che illustra il processo di focalizzazione sui nostri malesseri e dolori, e il tentativo di ricevere compassione per essi.

Quando ci focalizziamo sui nostri sintomi psicologici o fisici, allora è possibile voler cercare altre persone che si focalizzano sulla stessa cosa. Nel momento in cui introduciamo la nostra sintomatologia in una conversazione, cerchiamo di attirare potenzialmente una risposta empatica. Vogliamo che qualcuno si focalizzi sui nostri sintomi psicologici o fisici insieme a noi e che ci aiuti a sostenerci a ritenere che essi siano reali.

Ma è davvero questo il modo in cui vogliamo salutare i sintomi che si verificano per noi? Vogliamo passare il nostro tempo persi nella sintomatologia? Sarebbe molto meglio acquisire certezza nell'intelligenza aperta e vedere cosa sono tutti quei malesseri e dolori da quella prospettiva. Nell'acquisire stabilità e certezza nell'intelligenza aperta siamo in grado di vedere più chiaramente cosa dovrebbe essere fatto riguardo ai nostri sintomi psicologici e fisici.

Se desiderate sostegno per ciò che vi sta accadendo, assicuratevi di scegliere il vostro sostegno con attenzione. Una persona che ha confidenza nell'intelligenza aperta può sostenervi molto meglio di persone che sono tutte avvolte nei loro sintomi fisici e psicologici. Le persone che hanno confidenza nell'intelligenza aperta saranno in grado di sostenervi nel miglior modo possibile, mentre le persone che non vivono in questo modo non possono vedere nient'altro che sintomi psicologici e fisici.

Se siamo in grado di giungere alla conclusione definitiva in noi che tutti i nostri malesseri e dolori riposano nello stato di base dell'intelligenza aperta, quella è occasione sufficiente per una danza vittoriosa! Abbiamo grande sollievo dall'eccessiva attenzione su malesseri e dolori, ma allo stesso tempo sappiamo esattamente come gestire tutto ciò che può sorgere.

I sintomi non sono più qualcosa che possa crearci o distruggerci e noi non siamo più vittime impotenti di ciò che ci accade. Possiamo essere come guerrieri di fronte ai nostri sintomi fisici e psicologici.

In molti Paesi la gente non ha i mezzi per il tipo di cura medica che è disponibile negli Stati Uniti e in Europa, o perché non può permetterselo o perché non è disponibile a tutti. Molte persone nel mondo hanno a che fare con malattie devastanti senza avere molte opzioni. Esse si affidano alla medicina popolare o a rimedi palliativi o a qualsiasi altra cosa possa essere a loro disposizione per portarle fino alla fine. Non hanno accesso alle cure mediche o alle medicine di cui hanno bisogno, e sanno che probabilmente non le avranno mai.

Le persone che non hanno i soldi per andare dal medico o per comprare le medicine imparano a vivere una vita che non dipende da questo tipo di cure. Adattano l'uso della loro mente in modo da poter vivere con tutto ciò che accade. Poi, quando arriva la fine dopo una lunga malattia, forse non sono mai andati all'ospedale e muoiono molto semplicemente alla presenza di persone che hanno sempre conosciuto.

Molti di noi, nei Paesi occidentali, hanno l'opzione di un'assistenza medica intensiva o di un modo più semplice e meno ordinato di vivere la vita. Non sto necessariamente dicendo che debba essere in un modo o nell'altro, sto solo dicendo che abbiamo una scelta tra questi due. Quando diveniamo chiari, vediamo come poter decidere che cosa sia necessario che accada per noi.

Mettiamo, per esempio, che abbiate il cancro; se scegliete di sottoporvi a molti test diagnostici e ottenete risultati che non sono buoni, poi insieme a quel risultato negativo ci sarà una valanga di scelte che devono essere fatte in relazione a quel risultato negativo - chirurgia, chemioterapia, farmaci, più test o più terapie di un tipo o di un altro. Potreste dire: "Beh, ho intenzione di provarle tutte. Ho intenzione di sottopormi a tutti i test, alla chirurgia, la chemioterapia e la radiazione". All'estremo opposto potreste non fare nulla, o potreste adottare altre misure intermedie. Tutto dipende da come volete focalizzare la vostra energia e trattare con i sintomi fisici.

Pubblicità, passaparola e, spesso, gli operatori sanitari stessi, portano le persone a credere che quasi tutti scelgano il percorso del trattamento medico intensivo e che se non lo scegliete siete stravaganti. Ma il fatto è che non poche persone scelgono di non avere un trattamento medico intensivo, e con la generazione del baby boom, che sta invecchiando ora, ce ne potrebbero essere molte di più a non sceglierlo.

Quindi, potreste scegliere uno stile di vita medicalizzato o potreste scegliere di rimanere senza assistenza medica, ma qualunque sia il caso, potete anche scegliere di focalizzarvi sull'acquisire certezza nell'intelligenza aperta. Se procedete con un corso di trattamento medico, allora aspettatevi di avere dei trattamenti da persone che non vi suggeriranno di dedicarvi alla stabile intelligenza aperta come fonte primaria della vostra guarigione.

Raggiungendo la medicina e la guarigione ultima della stabile intelligenza aperta, imparerete molto di voi stessi e della vostra stabilità intrinseca. Potete vivere una vita intera con graziosa, stabile intelligenza aperta che è esaltata e oltre misura, e grazie al potere dell'intelligenza aperta vedrete inequivocabilmente quali dovrebbero essere le vostre scelte riguardo a una malattia grave.

BEN-ESSERE IN MALATTIE DI LUNGA DURATA

Quando ci troviamo di fronte a una malattia lunga e molto dolorosa è fondamentale riconoscere che non abbiamo bisogno di essere vittime della nostra condizione. Il ben-essere avverrà attraverso la chiara visione della nostra situazione. Non avremo ben-essere finché crederemo di essere vittime di ciò che avviene con la malattia. La malattia fondamentale che in realtà abbiamo è l'instabilità mentale che ci fa sentire come se fossimo vittime della malattia fisica e dei pensieri e delle emozioni che vengono con la malattia.

Dall'intelligenza aperta riusciamo a vedere che cosa fare e come agire in termini di ciò che sta succedendo per noi. Anche se in qualche modo trovassimo una sorta di cura per la malattia fisica, l'instabilità mentale sarebbe ancora lì: l'instabilità di base con cui ci si percepisce come vittime delle proprie circostanze. Tutte le nostre idee sull'essere vittime di noi stessi o di altre persone, luoghi e cose devono sparire.

Naturalmente è difficile trovarsi di fronte a una malattia di lunga durata, ma quando le persone affrontano avversità estreme, molto spesso sono molto chiare su come trovare un modo abile per affrontare il dolore e la sofferenza. Cominciano a capire che vedersi vittime della sofferenza non è necessariamente il modo che funziona meglio, e cominciano a cercare un modo che funziona.

Qualsiasi cosa succeda con la malattia, non c'è medicina per la morte. Ciò che ci sosterrà alla morte è acquisire completa fiducia nella natura del nostro essere. Per familiarizzare con essa, abbiamo bisogno di correggere l'errata percezione fondamentale che i pensieri e le esperienze siano il nostro nemico. Se ciò non viene corretto, ci sentiremo vittime in un modo o nell'altro.

Se la condizione fisica cambia in meglio, va bene, ma non possiamo contare su questo. Affidatevi all'intelligenza aperta e scoprirete che è su quasto che possiamo davvero contare quando affrontiamo una malattia. Abbiate fede completa nella sua efficacia.

INVECCHIARE ABILMENTE

È molto importante, quando invecchiamo, essere totalmente chiari su ciò che sta succedendo e quali siano le nostre scelte.

Cosa ci sarà di grande aiuto quando il corpo comincerà a sgretolarsi e sapremo di andare alla fine ad affrontare la morte? Beni materiali, ricchezza, sicurezza e plauso non saranno un sostegno sufficiente per consentirci di mantenere l'intelligenza aperta di fronte ai fardelli emotivi, alla depressione e alla perdita di agio fisico e comfort che viene con l'invecchiamento.

Quando siamo giovani abbiamo tutta la vita di fronte a noi. Siamo ansiosi di fare qualcosa di noi stessi, in qualche modo, e viviamo con quella speranza, decennio dopo decennio. Tuttavia, quando ci rendiamo conto che questa costante ricerca di fare qualcosa di noi stessi è giunta al termine, e sappiamo che il nostro corpo sta invecchiando e stiamo andando verso la morte, ciò può essere molto triste, anche deprimente. In effetti, uno dei maggiori problemi di salute per gli anziani è la depressione.

All'inizio della vita abbiamo un fisico forte, e se ci ammaliamo ci riprendiamo subito, ma a un certo punto questo finisce e non ci riprendiamo più. Quando siamo giovani e ci sentiamo bene e i nostri corpi funzionano bene, pensiamo che possiamo cavarcela indulgendo, evitando o sostituendo i dati al fine di migliorare la nostra esperienza. Ma quando siamo vecchi, ci rendiamo conto che i nostri corpi e le nostre menti si stanno sgretolando e gli antidoti non funzionano altrettanto bene. Non siamo in grado di indulgere nel nostro desiderio fisico come facevamo una volta, quindi non possiamo utilizzarlo come un antidoto. Ci rendiamo conto che la condizione del nostro corpo continuerà a peggiorare senza possibilità di evitare o sostituire stati fisici sgradevoli con uno stato più piacevole.

Quando diventa chiaro che non funzionerà più nessuno degli antidoti, le persone diventano depresse. Si sentono depresse perché non conoscono una via d'uscita da questi dati. Quando non c'è alcuna nozione che tutti i dati possono, in effetti, essere completamente risolti nello stato di base indistruttibile, allora i dati possono prendere sempre più piede in una persona anziana.

L'unica cosa che ci può garantire che non saremo sopraffatti da ciò che accadrà più tardi nella vita è di essere radicati nella nostra intrinseca intelligenza aperta. Questa è la medicina migliore. Non importa che età abbiamo, possiamo iniziare subito con questa medicina. Qualunque sia l'età, qualunque sia la condizione, qualunque sia l'opinione sulla circostanza, l'attitudine più grande è quella di radicarsi nella propria intelligenza aperta intrinseca e acquisire sempre più certezza in essa.

Che avventura! Non siamo mai troppo giovani e mai troppo vecchi per acquisire certezza nell'intelligenza aperta: abbiamo sempre esattamente l'età giusta. L'intelligenza aperta non collassa mai in "giovane" o "vecchio". Risponde con perfetta equanimità a tutto ciò che appare, senza alcuna eccezione, includendo tutto, comprendendo tutto. Questo è il modo più semplice di vivere.

LIBERTÀ DALLA PAURA DI MORIRE

È davvero importante acquisire certezza nell'intelligenza aperta nei confronti di tutte le sensazioni corporee che sperimenteremo nella vita, altrimenti, quando avremo malattie, dolore e sensazioni spiacevoli, rimarremo distratti da storie su di essi. È davvero importante capire veramente la natura di queste sensazioni, perché attraverso quella comprensione saremo in grado di sviluppare una visione equilibrata di quello che ci sta succedendo.

Quanto più acquisiamo certezza nell'intelligenza aperta, più vediamo che abbiamo avuto sensazioni sgradevoli in tutta la nostra vita, ma forse le abbiamo ignorate o eluse, perché sarebbe opprimente permetterci di stare con tutte queste sensazioni. La ragione per cui potremmo aver represso o ignorato questi sintomi fisici spiacevoli è che non vogliamo affrontare il fatto che moriremo. Bene, indovinate: noi *moriremo*.

Quando acquisiamo certezza nell'intelligenza aperta possiamo permettere tutte quelle sensazioni - quelle comode, quelle scomode e tutte quelle di mezzo - di essere come sono. Scopriamo una saggezza incredibile che ha una visione totalmente equilibrata. È solo in quella visione equilibrata che siamo davvero in grado di scegliere le opzioni e le alternative che serviranno noi e serviranno gli altri completamente; se no, è molto probabile che verremo risucchiati in una storia su qualsiasi sintomo stiamo sperimentando.

Quando permettiamo a tutte le nostre sensazioni fisiche di essere come sono, allora arriviamo a comprendere il dato della morte e ne abbiamo meno paura. Nella mia esperienza di acquisire certezza nell'intelligenza aperta, questo è stato uno dei primi frutti della pratica. Dopo una vita piena di paure e presagi di morte in cui mi sono persa in ogni sorta di storie incredibili, la paura è scomparsa completamente, per non tornare mai più.

Incontrando davvero questa paura della morte nella pratica dei brevi momenti, molte volte, e permettendo semplicemente a tutta quella paura di essere *così* com'è, siete in grado di avere completo sollievo dalla paura della morte. Questo sollievo può avvenire rapidamente e sicuramente. o può avvenire lentamente, ma in qualunque modo avvenga, per favore, permettetevi di acquisire certezza nell'assoluta lucidità dell'intelligenza aperta nell'incontro diretto con questi dati. In questo modo, quando state morendo, sarete in grado di affidarvi facilmente a tale lucidità, e tutti i dati di accompagnamento sull'essere un qualcuno si risolveranno. Tutto quello che c'è, è la lucidità assoluta dell'intelligenza aperta.

PRONTI PER LA MORTE

Non c'è modo di liberarsi della morte. Questo è ovvio, ma molti di noi cercano di eludere l'avere a che fare con la morte perché, in modo inconsapevole, immaginano che in qualche modo la vita andrà sempre avanti. Quindi, è molto importante venire a patti con il fatto che la morte arriverà; non può essere evitata e non abbiamo idea di quando verrà. Potrebbe arrivare in qualsiasi momento, quindi, di fronte a un dilemma sulla salute, la priorità delle nostre azioni non dovrebbe essere solamente: "Come farò a risolvere questa temporanea crisi di salute?", ma anche: "Come farò a incontrare la mia morte, che si potrebbe verificare in qualsiasi momento?".

Il momento presente è il momento giusto per iniziare a fare affidamento sull'intelligenza aperta, indipendentemente da quanti anni abbiamo o da quale sia la nostra situazione di vita. Allo stesso tempo, quando si è giovani, sani e forti, quello è il momento opportuno per fare affidamento sull'intelligenza aperta, perché più invecchiamo e più ci saranno le esigenze del corpo fisico, le emozioni e i pensieri, più la nostra energia sarà minata dal processo di invecchiamento.

Noi tutti moriamo della stessa cosa: la morte. Se davvero vogliamo essere pronti per la morte, allora ciò avverrà dal realizzare che tutti i fenomeni - compresa la morte - sono l'energia dinamica dell'intelligenza aperta. Vedere che tutti i fenomeni sono inclusi nell'intelligenza aperta è molto liberatorio. Quando abbiamo la certezza assoluta in quel riconoscimento, viviamo la vita senza paura di niente.

AVERE UN PIANO PER LA MORTE

Dovremmo avere un piano che tenga conto del fatto che la morte può venire in qualsiasi momento. Quel piano è quello di acquisire certezza nell'intelligenza aperta in questo momento! Dovremmo anche avere un piano pratico per ciò che faremo se ricevessimo una notizia devastante per la nostra salute. Ad esempio, potremmo ricevere una diagnosi che abbiamo una malattia cardiaca e che abbiamo bisogno di un intervento chirurgico a cuore aperto, o potremmo scoprire che abbiamo il cancro e abbiamo sei mesi di vita. Ci viene detto che abbiamo l'opzione di un intervento chirurgico, della radioterapia e della chemioterapia e che dobbiamo decidere molto presto quello che faremo.

Dovremmo avere un piano di quello che faremo prima di dover mai sentire quella notizia, per utilizzare il piano o no quando riceviamo la notizia. Questa è un'espressione della visione equilibrata della saggezza. Questo ci farà risparmiare molto dolore e farà risparmiare molto dolore alle persone intorno a noi.

Se non abbiamo quel piano, non solo sentiremo notizie sconvolgenti e sorprendenti, ma sentiremo anche ogni sorta di proposte e suggerimenti riguardanti tali notizie con cui non abbiamo mai avuto a che fare prima. Queste saranno probabilmente questioni di cui la maggior parte di noi non ne saprà molto, quindi potremmo non essere in grado di comprendere appieno quali siano le nostre opzioni.

In un senso molto pratico, che aspetto avrebbe quel piano particolareggiato? Si tratterebbe di una delega di potere medico a un avvocato e altri strumenti legali che indichino esattamente ciò che dovrebbe essere fatto. Le persone che fanno parte di quel piano dovrebbero conoscere i dettagli su di esso e dovrebbero esserne d'accordo. Inoltre, gli affari di casa dovrebbero essere in una condizione tale che la nostra morte non diventasse di grande peso per gli altri. In altre parole dovrebbe essere chiaro dove andranno i possedimenti una volta che la persona è morta. Ci dovrebbe essere un testamento redatto con una direzione chiara nei termini di un funerale e se ci sarà una sepoltura o una cremazione. Se tutto è disposto in modo così completo, allora nessun altro dovrà fare nient'altro che eseguire ciò che è stato pianificato.

Con saggezza sappiamo esattamente come organizzare tutte le nostre cose, comprese le questioni pratiche nel nostro cammino quotidiano di vita: le decisioni finanziarie e affaristiche, i nostri rapporti con il cibo, il lavoro, gli amici e la famiglia, la vita amorosa, la vita sociale e qualunque altra cosa possa esserci. Attraverso brevi momenti, ripetuti molte volte, entriamo nella vera intelligenza aperta, compassione e saggezza in cui sosteniamo la nostra dignità e integrità naturale. In questo modo possiamo essere completamente benefici a noi stessi e agli altri.

IL PROCESSO DEL MORIRE

Se non siamo convinti della nostra mortalità, dal momento in cui arriviamo alla sessantina, la nostra mortalità si farà sentire! Una volta che il corpo inizia a sgretolarsi, anche la mente può iniziare a sgretolarsi e allora tutte le strategie messe in atto per il controllo della mente non funzioneranno. Anche se saremo in grado di farle funzionare di tanto in tanto, quando saremo sul nostro letto di morte sicuramente non funzioneranno, perché la mente sarà sfocata e confusa. Se abbiamo fatto affermazioni positive, non saremo in grado di farne più. Anche se riuscissimo a farle, sembrerebbero estremamente vuote. Saremo troppo confusi per stimolarci dicendo: "Io sono vivo e vegeto", o: "Io sono ricco e famoso". Sul nostro letto di morte ciò sarebbe inutile.

Nel processo della morte tutto il nostro modo di percepire si disintegra completamente. Se abbiamo sentito di essere in controllo per tutta la vita, non ci sentiremo così al momento della morte. Tutto inizia a spegnersi. La vista diventa confusa, non possiamo più sentire l'odore o il sapore di niente, e quando cerchiamo di toccare qualcosa, non riusciamo veramente a sentire che c'è. Non riusciamo a sentire il calore della pelle dei nostri cari. Il nostro udito comincia a svanire. Sentiamo che il nostro battito cardiaco diventa sempre più debole e il respiro superficiale.

Perdiamo ogni senso di essere in grado di emozionarci per qualcosa e perdiamo la nostra capacità di pensare a qualcosa. Quando stiamo morendo non abbiamo più la capacità di concettualizzare, quindi il punto di vista della "mia vita" inizia a scomparire come se non fosse mai esistito. Ciò può essere molto spaventoso se abbiamo pensato che "la nostra vita" fosse fondamentale per la nostra identità.

Nel momento della morte tutto va completamente in tilt. Per la maggior parte del tempo la persona morente non può dire nulla alle persone intorno a lei, ma ha pensieri del tipo: "Oh mio Dio, cosa sta succedendo? Non ho mai pensato che sarebbe stato così. Questo è davvero spaventoso. Probabilmente non mangerò più o non potrò più bere un sorso d'acqua. Ben presto farò il mio ultimo respiro".

Quando stiamo morendo siamo in un mondo di dati completamente diverso da quello delle persone intorno a noi che non hanno idea di ciò che stiamo vivendo. È facile essere piuttosto ansiosi in una situazione del genere, ma se ci prepariamo comprendendo in profondità la natura fondamentale della nostra condizione, la morte sarà solo un altro qui-e-ora. Non ci sarà nessuna contorsione e aggiustamento o, anche se ci saranno contorsioni e aggiustamenti, saremo completamente rilassati e a nostro agio. Con la forza del riconoscimento istintivo guardiamo tutto diritto negli occhi.

Quando allora guardiamo la morte direttamente negli occhi, non abbiamo più paura. Ogni qui-e-ora, qualunque esso sia - senza vista, senza udito, senza gusto, senza tocco – svanisce semplicemente. Con la forza del riconoscimento istintivo, siamo come siamo, proprio qui e ora.

Anche se noi tutti moriremo un giorno, non è l'intelligenza aperta che muore. La nostra apparenza fenomenica può cambiare, ma cambia solo nel flusso continuo di intelligenza aperta (ciò che è sempre stato in ogni caso). Quando riconosciamo che lo stato di base indistruttibile dell'intelligenza aperta è la base di tutte le nostre apparizioni, inclusa la nostra morte, allora possiamo avere una morte agevole perché non guardiamo alla nostra morte come a una separazione o una fine.

Non è che abbiamo bisogno di pensare a questo e convincercene; riconosciamo istintivamente che la morte è semplicemente un altro dato nell'intelligenza aperta che è stato etichettato come qualcosa e a cui è stato dato un significato in base alle definizioni di chi percepisce.

Con la forza del riconoscimento istintivo dello stato di base dell'intelligenza aperta, si comprende che la definizione fondamentale della morte è l'indistruttibile stato di base, proprio come la definizione fondamentale della nascita è l'indistruttibile stato di base e la definizione fondamentale di tutta la vita è l'indistruttibile stato di base.

Avere la preziosa opportunità di scoprire l'intelligenza aperta non è qualcosa da prendere alla leggera, perché il riconoscimento istintivo dell'intelligenza aperta è quello che ci permetterà di morire in pace totale.

UNA MORTE BELLISSSIMA

Quando pensiamo alla morte, una morte bellissima non è di solito quello che ci viene in mente. Abbiamo molti pensieri legati alla morte, e ci auguriamo di poter evitare una morte difficile, ma molti dei modi in cui siamo stati introdotti alla morte non ci sostengono nel sentire che possiamo avere una morte bellissima. Impariamo primariamente una delle due cose:

una è che quando moriamo, se siamo stati buoni andremo in paradiso, ma se siamo stati cattivi andremo all'inferno. La seconda credenza che hanno molte persone è che quando moriremo ci reincarneremo secondo il nostro karma e otterremo un'altra vita in cui se tutto va bene avremo una vita migliore.

Quando viviamo sotto una cappa di dati come il paradiso e l'inferno o il karma e la reincarnazione, allora ci sentiamo molto limitati nella nostra vita. Riteniamo che la morte sia l'assalto finale su di noi come un "qualcuno." La nostra vita finirà ed è questo nemico - la morte - che la porterà via. Se non vediamo la morte come un nemico, la consideriamo almeno come un avversario, ma l'unica ragione per cui lo facciamo è perché in realtà non capiamo che cosa è la morte.

È molto importante comprendere che questa morte che tutti noi affrontiamo è qualcosa con cui poter prendere confidenza in vita. Come possiamo prendere confidenza con essa? Venendo a sapere chi siamo. A poco a poco acquisiamo familiarità con noi stessi come la natura senza tempo dell'intelligenza aperta che è lo spazio di tutti i dati, incluso il dato della morte.

Quando viviamo la nostra vita, con grande diligenza, come intelligenza aperta senza tempo, abbiamo la grande fortuna di sapere che siamo liberi. Non abbiamo più le preoccupazioni del corpo, e tutte le restrizioni del nostro corpo svaniscono naturalmente. Siamo molto chiari che il corpo è un dato e che non è la base di ciò che siamo. Vediamo che la sostanza di ciò che siamo è l'intelligenza aperta, che è la grande realtà di ogni cosa. Allora, anche se sperimentiamo ancora un corpo, prendiamo confidenza in modo molto reale con ciò che ci sosterrà al momento della morte.

Invece di sentirci confinati al corpo, ci sentiamo più come lo spazio all'interno di un vaso o come la luna calante che svanisce nella distesa del cielo. La nostra pratica di acquisire familiarità con questo come la vera realtà di ciò che siamo nella vita è ciò che ci prepara a una morte bellissima. Questa è la grande realtà della fine della nostra vita: diventiamo l'intelligenza aperta senza tempo che siamo sempre già stati. Quell'intelligenza aperta senza tempo è completamente vuota dall'essere qualcuno, ma allo stesso tempo è naturalmente presente come ogni cosa.

La morte, piuttosto che essere qualcosa da temere, è qualcosa che possiamo abbracciare. Quale modo più intimo c'è per essere con noi stessi e con gli altri che servirsi l'un l'altro ad avere una bella morte.

Sezione Quattro
L'Intelligenza Aperta nelle Relazioni

Mantenere la Vostra Felicità
Quando l'Amore È Pienamente Vivo
La Maternità Ultima
Un'Influenza Davvero Miracolosa
Prima di Avere un Figlio
L'Offerta Ultima per un Figlio
Siamo Tutti Figli Perfettamente Dotati

TROVARE L'AMORE
IN TUTTI I POSTI GIUSTI

CAPITOLO TREDICI

AMORE PURO

San Valentino è certamente un giorno pieno di aspettative molto alte! Vogliamo fare le cose giuste per i nostri partner romantici e sottilmente speriamo che loro faranno le cose giuste per noi. Vogliamo essere riconosciuti dai nostri cari, e se non ci riconoscono, possiamo rimanerne delusi. Sia che si tratti dei nostri affetti, dei nostri amici o di ciò che ci aspettiamo dalla stessa giornata, in modo sottile vogliamo che piovano fiori su di noi! Questo è un esempio sciocco e assurdo, ma è utile per vedere come ci aspettiamo amore, affetto e approvazione da circostanze esterne.

Affidandoci all'intelligenza aperta e prendendo più confidenza con essa, ci rendiamo più capaci di amare noi stessi e di amare gli altri. Raggiungiamo un punto in cui non chiediamo niente da nessun altro, perché sappiamo che in ultima analisi non c'è niente che qualcun altro possa darci. Dimoriamo in uno stato di amore puro, dove non ci sono aspettative riposte in nessuno per nessuna cosa. È lo stesso se qualcuno ci mostra amore o no.

L'amore puro non ha bisogno di nulla: è semplicemente così com'è. Questo è ciò che è l'intelligenza aperta: l'intelligenza onninclusiva che non ha bisogno che i dati siano in un modo o in un altro. Sa senza sapere nulla, che ogni cosa è se stessa. Ogni cosa è l'auto-manifestazione di questo amore; vi è l'abbraccio del completo amore che è la bontà fondamentale del nostro essere. Questo è quello che tutti cerchiamo quando cerchiamo amore e affetto in circostanze esterne.

Non c'è niente da afferrare nel rilascio spontaneo del qui-e-ora. Quando acquisiamo più familiarità con il modo in cui sono davvero le cose, piuttosto che desiderare che siano in un certo qual modo, ci muoviamo al di là della ricerca costante di punti di riferimento fissi. Anche se arrivano pensieri di delusione, vediamo che sono apparizioni meramente circostanziali che non hanno il pungiglione, e per questo la delusione non è più una parte della nostra vita. Questo è un modo molto rilassato di essere che è saturo di empatia e di compassione.

TRAVOLTI DA VERO AMORE

Una grande idea sull'amore è che c'è amore solo quando è associato a un oggetto. Ad esempio, "Ti amo; amo quel posto; amo quella cosa", ma non è lì che si trova l'amore. L'amore si trova al proprio posto. Se siamo in grado di riconoscerlo, non avremo più bisogno di essere coinvolti nel gioco del gatto con ill topo di cercare e di trovare l'amore in ogni sorta di dati, vederlo scivolare via e cercarlo e trovarlo di nuovo.

Prendendo brevi momenti di amore, vediamo chiaramente che la nostra sola identità è l'amore incondizionato inerente all'intelligenza aperta, e tutto ciò che appare è una luminosa emanazione di quell'amore. Siamo in grado di coinvolgerci nella vita con un'apertura del tutto spensierata e senza limiti. In questo modo possiamo vivere in un modo molto rilassato, caldo e diretto, ed essere naturalmente di beneficio.

Quando siamo travolti dal vero amore, fiùu, è tutto finito! Tutto l'equivoco cade giù senza alcuno sforzo, e tutto quello che resta è l'amore che è sempre presente. Perché sarebbe necessario avere un qualche tipo di groviglio di parole per dargli un senso? Dovrebbe essere il progetto di una vita intera sistemare il groviglio? La chiamata del cuore di ogni momento è sempre libera e incredibilmente preziosa. La natura dell'amore è questa semplice attitudine sincera che penetra ogni pensiero, emozione, sensazione ed esperienza. Quando suona l'allarme dell'amore, non c'è modo di ignorarlo.

Ci sono molte cose che possono sembrare confortarci in molti modi, ma non c'è nessuna persona, luogo o cosa che dobbiamo tenere a posto al fine di assicurarci il nostro sempre presente benessere. La nostra condizione sempre presente è la perfezione naturale di ogni cosa. Non c'è niente da cercare; dove stiamo è dove stiamo sempre: riposando nella nostra condizione autentica. Quello che è più fondamentale in ogni cosa è l'amore completamente nativo, nudo.

AMARE ED ESSERE AMATI

L'impulso della vita umana è amare ed essere amati. Quando siamo molto chiari in noi stessi su ciò che è veramente l'amore, allora ci rendiamo conto che tutto di noi è espressione di amore perfetto. Questo è vero per tutti, senza eccezioni. L'amore non dipende da persone, luoghi e cose piacevoli. L'amore è già presente, e tutto dipende da esso.

L'amore è puro, che significa che è privo di qualsiasi cosa di natura diversa. Tutto ciò che appare, appare in amore, come amore e per amore. Non ci sarà mai un modo diverso da questo.

La vivificazione dell'amore avviene in ogni momento. L'amore vive in ognuna delle nostre esperienze. Sia che sperimentiamo piacevoli o spiacevoli pensieri, emozioni, sensazioni, l'amore è la forza in tutto ciò. Ogni cosa è un'auto-presentazione dell'amore e del suono stesso dell'amore. Non c'è assolutamente alcuna eccezione a ciò.

In ogni momento della vita quotidiana, è lì che riconosciamo l'amore puro e perfetto. Non è altrove. Ciò che risplende dall'interno delle selvagge oscillazioni di ogni singolo pensiero, emozione, sensazione e altra esperienza è la grande singolarità dell'amore puro e perfetto.

Prima di tutto dobbiamo renderci conto che siamo la presenza del puro e perfetto amore stesso. Non abbiamo alcuna identità che sia mai stata separata da ciò. Siamo il centro dell'amore che irradia come tutto ciò che appare. L'amore è evidente nella nostra consapevolezza di ogni cosa, quindi tutto ciò che vediamo, gustiamo, tocchiamo, udiamo e odoriamo è l'auto-presentazione dell'amore. Tutto ciò che diciamo e pensiamo è un'espressione di amore. I nostri diversi stati emotivi sono amore puro e perfetto. Non c'è bisogno di andare da nessuna parte per l'amore, perché l'amore è già presente. L'amore non è condizionato da circostanze speciali di nessun tipo. Non importa quali siano le circostanze, sono le circostanze dell'amore perfetto.

Poiché ogni cosa è legata all'amore, non c'è modo di uscire dall'amore. L'amore lampeggia sempre in ogni singola esperienza, che lo riconosciamo o no. Questo potrebbe andare contro tutto ciò che abbiamo mai pensato, ma quando non crediamo più di essere le apparizioni, allora sappiamo davvero di essere l'espressione dell'amore puro e perfetto. Questo è ravvivato in ogni momento nel comportamento effettivo della nostra vita. Si tratta di una realtà vissuta.

La naturale cordialità che sentiamo ed esprimiamo in ogni momento della vita è la prova dell'amore. Dentro di noi troviamo che l'amore puro e perfetto è comprensione perfetta in ogni circostanza, completa stabilità mentale ed emotiva e abilità in tutte le circostanze. È profonda compassione, il che significa che ogni momento della vita è un'espressione di comprensione ed empatia. Le sue espressioni sono di vasta portata. Ognuno di noi è già in contatto con l'amore, perché questo è ciò che siamo. È impossibile che venga nascosto o oscurato.

L'amore non può mai essere limitato da un'idea. L'espressione dell'amore può essere pacifica in un momento e può essere completamente adirata e a ruota libera in un altro momento, ma in qualunque modo sia, la sua espressione sarà di profondo beneficio.

MOLTO DIVERTENTE

Lo stato di base di ogni cosa, proprio così com'è, è inseparabile dalla stessa vita preziosa, e cercare di ritirarsi in qualsiasi angolo della vita, al fine di trovare lì l'amore, è come se il cielo cercasse di ritirarsi in una parte di cielo per trovare il cielo.

Finché continueremo a spingere via le cose o a tirarle verso di noi, non avremo mai il riconoscimento istintivo dell'amore nella vita. Abbandonate ogni sforzo di sorta per modificare qualsiasi apparizione. Anche se siete veramente bravi a organizzare le apparizioni, alla fine tutto sarà per nulla. Se correte da un'esperienza all'altra in cerca di amore, cercate l'amore in tutti i posti sbagliati. Ciò che è importante è che ogni cosa sia riconosciuta come proveniente dall'amore.

L'idea di amare ed essere amati è così avvincente per tutti noi, e noi aneliamo a condividere e a gioire dell'amore con altre persone. L'unico modo in cui saremo in grado di condividere veramente l'amore con gli altri esseri umani è riconoscere che non siamo mai stati altro che amore.

Alla gente piace sentir parlare di amore, ma alla parola manca una definizione accurata. Molte volte abbiamo un'idea dell'amore e pensiamo: "Oh sì, so che cos'è". Per esempio, abbiamo l'idea che l'amore abbia bisogno di essere in un certo modo, o che avremo amore solo se saremo gentili con gli altri per ottenere il loro amore, o che loro devono essere gentili con noi per ottenere il nostro amore. È nel rendersi conto che non è necessario regolare la vita che l'amore diventa la forza vera della vita.

L'introduzione rapida e sicura all'amore si trova nella pura presenza totale di ciò che è proprio qui. Non c'è bisogno di cercarlo, trovarlo o mettere qualcosa in atto per assicurarcelo. Grazie al potere dei brevi momenti ci rendiamo conto che siamo sempre travolti nel delirio dell'amore! Tutte le idee illusorie su cosa sia l'amore scompaiono completamente.

Vivere una vita di vero amore, anche se siete gli unici che sembrano viverla, è esuberante, emozionante e molto divertente. Se siete così fortunati da condividerlo con un'altra persona, allora la vostra vita è molto privilegiata. Conoscendo la vostra natura, automaticamente conoscete la natura di tutti, e conoscere la natura di tutti è ciò che significa amare incondizionatamente.

L'AMORE È SEMPRE PRESENTE

Posso condividere le mie idee sull'amore con completa convinzione, perché ho trovato che sono vere nella mia vita. Non sto parlando di una filosofia; tutto ciò che viene suggerito qui l'ho trovato nella mia esperienza. Quello che ho pensato fin dall'inizio della mia vita, che tutto è espressione dell'amore naturalmente perfetto, ho trovato che è vero. Meraviglia delle meraviglie!

L'amore è così tutto generoso, tutto pervasivo, tutto meraviglioso e tutto sublime, e assolutamente tutto è incluso. Quando realizziamo di essere un'espressione di amore, vediamo che l'amore unisce tutto in modo sano. Nella nostra esperienza scopriamo che tutto è meravigliosamente unificato in perfetto amore. Non abbiamo bisogno di cercare di essere gentili con gli altri, e non abbiamo bisogno di aspirare ad avere rapporti sani, queste cose avvengono automaticamente. Siamo felici di conoscere le persone intorno a noi e condividere la vita insieme a loro in un rapporto veramente intimo che non ha bisogno di apparire in modo speciale.

L'amore è totalmente fuori controllo, ma in realtà non lo vorremmo in nessun altro modo. Quando siamo in grado di sapere che l'amore è già *così* com'è e sempre sarà, allora viviamo la vita in modo completamente rilassato, perché sappiamo automaticamente di essere in grado di rispondere con vera connessione, qualsiasisiasi sia la situazione che appare. Sono finiti i giorni in cui sentiamo di aver bisogno di capire cosa fare e trascorriamo giornate intere tramando circostanze per creare una certa chiarezza dalla confusione.

L'amore è sempre presente, e la sua abilità veramente sublime non può essere eguagliata da nessuna concezione di cosa fare o come agire. L'amore è una cordiale scarica spontanea di espressione perfetta che è presente in tutte le situazioni: nel vivere in modo del tutto ordinario, condividersi con piena apertura ed essere disposti a tuffarsi in ogni esperienza con fiducia.

Ogni cosa all'improvviso è del tutto positiva. All'improvviso è l'espressione della forza dell'amore. Che sia l'espressione di un pensiero piacevole o di uno che è orribile, che la vita sia vista come noiosa, monotona e passiva o come estatica, riconosciamo profondamente in noi stessi che tutto questo è l'espressione perfetta dell'amore.

Non c'è mai alcun bisogno di chiedersi dove sia l'amore. Quando lo troviamo, vediamo che è completamente vuoto di altro che se stesso. È naturalmente presente, e la sua vera forza d'amore è quella di perfetta sensibilità in tutte le situazioni, senza eccezioni.

ENORME POTERE, ENERGIA E AMORE

Se camminate lungo la strada e vedete qualcuno che si comporta in modo strano, e vi viene il pensiero: "Guarda quella persona laggiù. Perché deve agire in quel modo?", sappiate che tutti, a prescindere da chi siano, desiderano assolutamente l'amore. Essi anelano a un senso di connessione con tutti e con tutto, e questo è l'unico motivo per cui ognuno agisce. Siamo sempre alla ricerca di quell'amore e di quel senso di connessione.

Riconoscere questo cambia completamente la vostra prospettiva, e riuscite a vedere voi stessi e tutti gli altri in modo nuovo e profondo. Riuscite a vedere quante persone sono oppresse dalla paura e dalla solitudine.

Se avete piccole paure o grandi paure, perché continuate a focalizzarvi su di esse come le vostre paure? Esse sono le paure di tutti gli esseri che appaiono nell'immediatezza del qui-e-ora, e non sono mai state limitate ad essere una paura isolata che si verifica per un individuo. Sembra così solo se è quello che credete.

Forse può sembrare travolgente essere presenti a tutta la paura e la sofferenza che sta avvenendo intorno a voi, tuttavia, in questo modo, permettendo alla vostra beata compassione naturale di prendere parte, scoprirete un enorme potere, energia e amore che potreste non aver mai notato prima, ma che era sempre presente.

VERA INTIMITÀ

Quando crediamo di essere un soggetto biologico e psicologico fatto di dati, è probabile che siamo in concorrenza con altri che crediamo essere oggetti biologici e psicologici che hanno i loro dati. Ci rendiamo sostanziali con i nostri dati e rendiamo sostanziali gli altri allo stesso modo. Facciamo questo in tanti ambiti della vita: nelle nostre famiglie, nelle nostre relazioni intime, nei luoghi di lavoro, nelle organizzazioni sociali e politiche, negli affari, ovunque - rendendoci sostanziali coi dati, paragonandoci e mettendoci in competizione con gli altri.

Non abbiamo mai alcuna vera intimità in questo modo, non con noi stessi né con chiunque altro. Come possiamo avere intimità con qualcuno quando cerchiamo sempre di difendere e proteggere i nostri dati e mostrare loro che i loro dati sono sbagliati e devono essere cambiati? Se crediamo di essere un accumulo dei nostri dati storici e crediamo che lo siano anche gli altri, allora ci saranno due accumuli di dati quando ci relazioniamo - a volte ci accordiamo facilmente ma a volte siamo in disaccordo tra di noi.

Realizzare che nessuna apparizione ha una natura indipendente significa liberarci per amare le nostre apparizioni e le apparizioni degli altri. I nostri pensieri su persone, luoghi e cose non collassano più in uno stato di non-amore. Invece, siamo ricettivi, frizzanti e liberi in modo semplicemente umano.

Siamo completamente aperti per godere tutto ciò che le apparizioni possano essere, che sia il nostro vicino di casa, nostra moglie o nostro marito, il centro commerciale o lo splendore del mondo naturale: è tutto uguale. È tutto una manifestazione dell'intelligenza aperta. L'unico modo in cui possiamo veramente riconoscerlo è nella nostra esperienza. Se questo riconoscimento della realtà prende piede, vediamo che non siamo mai stati trattenuti in alcun modo. Siamo sempre stati amore, e ciò non è mai stato trattenuto da nessuna esperienza.

PIENI D'AMORE

Una cosa che ho imparato molto presto è che tutti vogliono amare ed essere amati. Ho anche imparato che tutti vogliono appartenere, e cioè, detto in altre parole, non essere esclusi o messi da parte da altri in nessun modo. La terza cosa che ho potuto vedere è che tutti hanno enormi regali da fare, ed è attraverso l'amore che questi doni vengono riconosciuti e donati. Sapevo queste cose, ma non sapevo molto sulla loro applicazione pratica fino a quando sono diventata più anziana. Ma dovunque andassi, guardavo ciò che vedevo in questi termini.

Era interessante per me mentre crescevo, perché vedevo che le istituzioni in cui ero coinvolta - scuole, chiese, aziende - non erano organizzate nel modo in cui avevo compreso le cose. In realtà esse erano organizzate come strutture di paura, basate sull'idea che, se non ti metti in linea e ti comporti secondo le aspettative, non sarai amato, non ti sarà permesso di appartenere e potresti essere mandato via. Come potrebbe una persona essere in grado di trovare i suoi punti di forza, doni e talenti in un ambiente del genere?

Sin da giovane avevo una profonda convinzione che se la gente avesse avuto familiarità con l'amore, tutte le cose che avevo desiderato sarebbero diventate possibili. Se ci riconoscessimo come amore, allora le nostre famiglie, le comunità, le istituzioni, le nazioni e il nostro mondo diventerebbero pieni d'amore.

Sono rimasta con questa convinzione fino a quando è diventata una realtà, e ora so che è vero. Come una dei molti partecipanti in questa organizzazione mondiale di Balanced View, so che è possibile avere organizzazioni che sono piene di amore e di cura, dove tutti si sostengono reciprocamente per avere successo.

ATTRAZIONE ROMANTICA E SESSUALE

CAPITOLO QUATTORDICI

LA VERA NATURA DELL'ENERGIA SESSUALE

A un certo punto nella nostra vita l'impulso sessuale si risveglia in noi, ma non ci viene mai insegnato che questa energia che noi etichettiamo come "sessuale" è in effetti la forza vitale di connessione, intimità e compassione. È veramente importante comprendere questo. Quando acquisiamo maggiore certezza nell'intelligenza aperta, cominciamo a vedere che ciò che chiamiamo energia sessuale è sempre presente come l'energia che pervade tutto ciò che è. Non è qualcosa che è semplicemente localizzato in un individuo o nel piacere che sembra essere limitato all'espressione sessuale. La sessualità è davvero la forza vitale di connessione con tutti e con tutto che è naturalmente insita nell'intelligenza aperta, quindi non siate mai confusi rispetto a questo.

In genere ciò che sappiamo riguardo all'espressione della nostra natura sessuale è che vogliamo stare insieme e fare sesso con qualcun altro che troviamo attraente. Ci saranno alcune persone con cui vogliamo fare sesso e altre no. Quando abbiamo voglia di un esperienza sessuale, allora la cerchiamo, e una volta che l'abbiamo trovata, vorremmo continuare ad averla e avere sempre migliori versioni di essa. Tuttavia, non importa quanto buono sia il sesso, non sarà mai del tutto quello che vogliamo che sia. Così pensiamo che dobbiamo farlo meglio, e questo ci mantiene in un avvitamento di non sentirci mai abbastanza pienamente soddisfatti.

Ci sono stati momenti nella nostra vita in cui siamo stati sessualmente attratti da certe persone, e l'attrazione sessuale può diventare un potente punto di vista. Abbiamo tutte queste fantasie su come sarebbe stare con quella persona e tramiamo modi diversi per poter stare con loro e agire in base ad alcune di queste fantasie che abbiamo in corso. Quando non siamo più guidati da tutti questi dati, iniziamo a vedere la natura dell'energia sessuale molto chiaramente e non siamo più spinti ad esprimerla in un modo che segua questo modello.

Che facciamo sesso o no, qualsiasi circostanza è la circostanza perfetta per affidarsi all'intelligenza aperta. Affidarsi all'intelligenza aperta non è mai stato vincolato da nessuna designazione convenzionale, perché è la radice di tutte le designazioni convenzionali. Quando ci affidiamo all'intelligenza aperta per brevi momenti, ripetuti molte volte, indipendentemente dalle circostanze, cominciamo a comprendere definitivamente che non siamo dipendenti da niente. Se continuiamo a pensare di aver bisogno di determinate condizioni per permetterci di fare affidamento sull'intelligenza aperta, allora abbiamo istantaneamente creato più dualità.

Possiamo pensare, ad esempio, che non saremo una persona abbastanza brava a riconoscere l'intelligenza aperta a meno che non esprimiamo la nostra sessualità in un certo modo, come l'essere celibe o non avere pensieri sessuali, ma questa è solo un'altra designazione che viene applicata all'intelligenza aperta e l'intelligenza aperta non è vincolata da nulla.

Se volete avere un'esperienza incredibile nell'unirvi a qualcuno in modo sessuale, ciò richiederà che voi e il vostro partner abbiate confidenza con l'intelligenza aperta e capiate veramente lo scopo, il significato e l'importanza della vostra natura sessuale.

ATTRAZIONE ROMANTICA E SESSUALE

Probabilmente non c'è una persona che non abbia sperimentato attrazione sessuale verso qualcun altro, a un certo punto della vita, e questo rimane vero anche se si cerca di nascondere o eliminare sensazioni sessuali. Che ci sia consumazione o rinuncia, l'attrazione sessuale e romantica è ancora presente e pronta a comparire in qualsiasi momento. Grazie al potere di acquisire certezza nell'intelligenza aperta e garantendo a noi stessi lo spazio per lasciare che tutto sia così com'è, siamo in grado di vedere chiaramente le dinamiche dell'attrazione sessuale. Se non permettiamo a noi stessi lo spazio per vedere il funzionamento di questa energia dinamica, allora non avremo mai la risoluzione completa dei dati che circondano l'attrazione sessuale.

Quando cominciamo a permettere che l'attrazione sessuale e romantica sia così com'è, possiamo notare che abbiamo ogni sorta di attrazioni sessuali che non avremmo mai pensato potessero apparire. Potremmo ritrovarci a essere sessualmente e sentimentalmente attratti da ogni sorta di persone da cui non ci saremmo mai permessi di sentirci attratti prima, perché avremmo soppresso l'attrazione. Questa attrazione sessuale casuale non è motivo di allarme o paura. Se ci affidiamo all'intelligenza aperta, arriviamo a vedere quanto sia dinamica la manifestazione di attrazione romantica e sessuale, e comprendiamo come non essere coinvolti da essa.

Quando sperimentiamo attrazione romantica e sessuale per una persona in particolare, prima di tutto ci potrebbe essere un pensiero del tipo: "Oh wow, è sexy!" e ci potrebbero essere ogni sorta di immagini che appaiono insieme a quella impressione. Tutto ad un tratto vi è un aumento di emozioni, pensieri, sensazioni e fantasie sull'esperienza che potremmo avere con quella persona. Abbiamo le nostre immagini di fantasia di come sarà, e le attuiamo oppure no. Se questo è tutto quello che sappiamo circa il flusso di energia dinamica dei dati sessuali, allora saremo completamente persi nella storia che viene con tutti i pensieri e le emozioni.

Se non impariamo a conoscere la natura di questa energia dinamica, non possiamo avere una relazione sessuale e romantica piena e completa con un'altra persona. La cosa che vogliamo - avere una buona relazione sessuale e romantica con qualcuno - è quello da cui ci tagliamo fuori nel non acquisire saggezza in questa materia estremamente importante.

Una volta che siamo in grado di mantenere l'intelligenza aperta nell'incontro diretto con i flussi di dati, allora vediamo che siamo veramente attratti da molte persone in molti modi diversi. Vedere che non c'è davvero alcuna "persona speciale" per noi, ci dà maggiore libertà in quanto a capacità di scegliere con chi staremo, se in effetti sceglieremo di stare con qualcuno in un modo romantico.

Se vediamo che l'attrazione sessuale e romantica o avere un partner romantico non è necessario al nostro benessere, allora abbiamo completa libertà rispetto ad avere un rapporto sessuale o no. Se scegliamo di non avere una relazione, non sarà perché ci siamo tagliati fuori o abbiamo rinunciato ai nostri sentimenti e alle nostre sensazioni sessuali. Attraverso la comprensione completa delle dinamiche dell'attrazione sessuale, entriamo in un rapporto autentico con chiunque abbiamo scelto di stare.

PIACERE TOTALE

La maggior parte di noi sviluppa dei sistemi di credenze molto ambivalenti circa la nostra natura sessuale. Ciò significa che amiamo il sesso, ma allo stesso tempo abbiamo ogni sorta di idee conflittuali a riguardo. Forse abbiamo imparato che solo alcuni tipi di stili di vita sessuali sono appropriati, o che i rapporti sessuali devono avvenire solo in una relazione monogama, o che non si dovrebbe fare sesso prima del matrimonio, o, al contrario, che tutto è permesso a patto che ci si senta bene. Forse abbiamo anche imparato a essere turbati dalle fantasie sessuali che abbiamo.

Nel corso del tempo assorbiamo un sistema di credenze dalla cultura in cui siamo cresciuti, e quel sistema di credenze culturali è molto probabilmente presente in noi in modo del tutto inconsapevole. Più acquisiamo sistemi di credenze del genere, più ambivalenti ci sentiamo riguardo alla nostra natura sessuale. Potremmo ascoltare ogni sorta di idee diverse sul sesso da molte fonti diverse, ma ciò non risolve l'ambivalenza sulla sessualità. Il movimento sessuale che sentiamo nel corpo non è sempre interpretato allo stesso modo da tutte le persone, né noi lo interpretiamo sempre allo stesso modo. Giriamo attorno a tutti questi sistemi di credenze senza avere una chiara idea di ciò che è in realtà l'energia in noi.

Più liberiamo la nostra presa da questi rigidi sistemi di credenze, più ci sentiamo completi riguardo a noi stessi e agli altri, e più comprensione abbiamo per noi stessi e per gli altri. Se ci affidiamo all'intelligenza aperta mentre esploriamo la nostra natura sessuale, abbiamo l'esperienza diretta della realtà che la nostra natura sessuale non è altro che l'intelligenza aperta stessa e che non vi è alcun motivo di essere ambivalenti circa la nostra sessualità. Giungiamo a vedere veramente che tutti questi pensieri, emozioni e sensazioni del corpo sono un'espressione dell'intelligenza aperta. Ma se mescoliamo insieme pensieri, emozioni e sensazioni e prendiamo una decisione sul coinvolgerci sessualmente, basata solo su di essi, senza riconoscere la loro essenza come intelligenza aperta, non avremo una visione chiara.

Arrivate a conoscere questa meravigliosa espressione della vita umana così com'è. È un'espressione dell'intelligenza aperta; non è qualcosa da evitare, ma non è nemmeno qualcosa da esprimere in maniera incontrollata. L'espressione della natura sessuale deve venire dalla chiarezza, non dal desiderio incontrollabile. Quando ci affidiamo all'intelligenza aperta, ne consegue la giusta azione. Sappiamo cosa fare in modo infallibile senza pensarci, e quello che facciamo è benefico per noi stessi e per gli altri.

Quando gioiamo della spaziosità totale di tutto ciò che è, c'è già il piacere puro, e non abbiamo necessariamente bisogno di cercare l'amore o il piacere nel contatto sessuale. La connessione totale che non è mai stata disconnessa è già presente.

Sia che pratichiamo il celibato e la solitudine, sia che siamo impegnati con un'altra persona in modo sessuale, il desiderio sessuale non è qualcosa di diverso da ciò che è totalmente puro. Che si tratti di un movimento reale di desiderio sessuale nel corpo o di pensieri ed emozioni associati al desiderio sessuale, è tutto completamente puro nella sua essenza.

Se abbiamo questa chiara connessione con la nostra vera natura sessuale, allora quando siamo sessualmente attivi, ogni cosa riguardo a quell'attività sessuale - il vedere, gustare, toccare, sentire, odorare – lo sappiamo essere originariamente puro e intriso di intelligenza aperta. Godere del gioco libero di totale purezza, chiarezza, piacere totale e amore completo senza dover cambiare nulla è davvero straordinario.

LA SESSUALITÀ NEI GIOVANI

Quando i giovani giungono all'adolescenza e le sensazioni sessuali prendono vita in loro, alla maggior parte di loro viene detto di evitare tali sensazioni. Gli viene detto di non esplorare le sensazioni sessuali con se stessi ed evitare l'auto-sessualità, e sono messi in guardia dall'esplorare quelle stesse sensazioni sessuali con gli altri.

Questa tremenda energia che appare nei giovani, che di solito è descritta come energia sessuale, è in effetti la forza di una persona di connettersi con tutte le cose e tutte le persone. I giovani cominciano a sperimentare questa tremenda energia di connessione con gli altri in quel momento della loro vita, quando cominciano a guardare oltre i confini della famiglia. Ma se questa energia di connessione viene racchiusa in un sistema di credenze e viene descritta in modi sbagliati, allora diventa una zona in cui il giovane si sente limitato e confuso, e non sa mai veramente cosa fare con questa potente energia.

In tutto il mondo stiamo vedendo adolescenti sempre più sessualizzati – o anche persone più giovani - che non hanno alcuna comprensione della loro vera natura sessuale. Noi come adulti stiamo partecipando in azioni che portano i giovani verso questi comportamenti eccessivamente sessualizzati, e non stiamo dimostrando il tipo di chiarezza che li aiuterebbe a trattare con le loro pulsioni sessuali.

Con gli esempi che i giovani hanno nella propria famiglia, con gli amici, la televisione, i film, la pubblicità o le celebrità da cui sono spesso così affascinati, gli esempi sono spesso molto mediocri. Oggi i giovani sono incoraggiati ad entrare in un'identità eccessivamente sessualizzata, e c'è un'incredibile enfasi sull'interazione sessuale senza nessuna comprensione di ciò che signifìchi energia sessuale.

Oggi c'è un gran parlare di libertà dell'attività sessuale, e questo viene promosso molto apertamente e pubblicamente in molti forum. Ad esempio, Internet è un esempio della apertissima visualizzazione di una vasta gamma di attività sessuali. Cose di cui precedentemente non si parlava o che erano completamente nascoste, non sono più nascoste nelle fantasie di poche persone. Chiunque voglia farlo può trovare ogni espressione di sessualità su Internet, e i giovani sono molto facilmente esposti a queste cose.

Dobbiamo davvero chiederci che tipo di libertà vogliamo per noi stessi e per i nostri giovani. Vogliamo questo tipo di libertà, che dà licenza a qualsiasi tipo di espressione, per quanto dannosa possa essere, o vogliamo acquisire fiducia in una libertà più fondamentale, che ha un'applicazione pratica in ciascuna delle nostre vite e nella vita delle persone in tutto il mondo? Questa libertà fondamentale non è una questione di fare semplicemente tutto ciò che si vuole fare, in qualsiasi momento si voglia farlo. È la libertà che si verifica naturalmente quando si vive come l'intelligenza aperta della propria natura fondamentale.

VERA SODDISFAZIONE

Il modello del desiderio sessuale è molto facile da seguire: vedete una persona attraente e iniziate ad avere ogni sorta di sensazioni nel corpo. Vi piace sentirle, comparate ad altre sensazioni - come un mal di testa o un dolore al ginocchio – e così decidete, forse inconsciamente, di stabilire più situazioni in cui poter avere queste sensazioni piacevoli.

Una volta che vedete una persona speciale che trovate attraente e che fornirà ulteriori sensazioni piacevoli, una delle vostre missioni principali è quella di fare in modo che quella persona speciale sia attratta da voi. Volete che la persona desiderata vi veda nel modo in cui desiderate essere visti, in modo che sia attratta da voi. Pensate: "Ah! Questo è quello che a lui o a lei piace davvero, così modellerò il mio comportamento in base a ciò, e poi gli piacerò davvero e otterrò le buone sensazioni che sto cercando".

Vi suona familiare qualcosa? Quando la guardiamo in questo modo la scena sembra davvero piuttosto comica, ma quando siamo persi in tutti quei pensieri, potremmo sentirci impotenti e sopraffatti. Quello che è certo è che questa non è una solida base per una relazione onesta. Questo tipo di comportamento è qualcosa con cui confrontarsi a testa alta con la forza dell'intelligenza aperta, e certamente ci sono sempre più persone che stanno acquisendo certezza nell'intelligenza aperta che sono impegnate ad avere relazioni oneste.

Tutto ciò che volete dal desiderio sessuale, dalle relazioni sentimentali, dall'intimità o dalla connessione con un altro essere umano, verrà dall'acquisire certezza nell'intelligenza aperta. Dalla certezza nell'intelligenza aperta e dal vantaggio di quella prospettiva meravigliosa, troverete la soddisfazione che state cercando veramente. Non la troverete nelle stesse vecchie abitudini di identificazione di un obiettivo e poi seduzione di quell'obiettivo pretendendo di essere qualcuno che non siete. La scelta di essere chiari, onesti e aperti è quello che noi chiamiamo il percorso senza sciocchezze. Dovete effettivamente essere veri con voi stessi e all'altezza. Ma quando lo fate, può essere davvero meraviglioso.

TRAINING NELL'INTELLIGENZA APERTA PERVASIVA

Quando credete che il sesso sia una cosa speciale che può in qualche modo risolvere i vostri problemi o farvi sentire meglio, allora non è niente altro che un antidoto. È lo stesso con qualsiasi altro antidoto, che si tratti di denaro, cibo, lavoro, relazioni, divertirsi, essere intrattenuti o qualsiasi altra cosa: possono essere utilizzati tutti per farvi sentire meglio per un certo tempo.

Stati sessuali e desideri estremi possono apparire, ma anche nel mezzo di queste forti sensazioni sessuali è ancora possibile sperimentare la libertà senza tempo. È fondamentale riconoscere ciò, perché affronterete momenti in cui apparirà questo desiderio insoddisfatto, anche se non lo sentite adesso. Formarsi nella libertà senza tempo dell'intelligenza aperta garantisce che quando arrivano questi stati inattesi, andrà tutto bene.

Ogni volta che ci potrebbe essere una sorta di punto di vista seducente - denaro, fama, desiderio, sesso - potremmo essere coinvolti in ciò che pensiamo che ci renderà felici. Ma non importa quanto seducente possa essere, non c'è davvero nulla lì. Quando ci affidiamo all'intelligenza aperta che è alla base di tutte queste influenze seducenti, allora possiamo arrivare veramente a conoscerci al di là della seduzione.

Cos'è più importante, perdersi in un altro flusso seducente di dati o acquisire familiarità e certezza nell'intelligenza aperta? Cosa c'è di meglio che sentirsi assolutamente a posto, qualsiasi cosa si presenti? Formarsi nella pervasiva intelligenza aperta ci garantisce di non dover correre dietro ad antidoti in nessuna situazione.

Relazioni Sentimentali

CAPITOLO QUINDICI

RELAZIONE PERFETTA

Quanti di noi si sono trovati in una relazione e hanno cercato di risolvere tutti i dettagli di come vivere insieme felicemente? Ogni persona definisce la struttura dei propri dati e negozia le proprie richieste nella speranza di chiarire la relazione, ma cosa porta ciò in realtà? Questo tipo di negoziazione non porta al completo benessere; invece, porta semplicemente a una maggiore disposizione di dati.

Molte persone anelano a un completo benessere in una relazione ideale, ma anelano a qualcosa che nessuna persona o relazione è in grado di fornire. Non ho mai incontrato una sola persona che abbia detto: «Il mio compagno mi ha reso assolutamente felice". Anche se qualcuno lo dicesse, sarebbe fuorviante, perché la completa felicità non può venire da un'altra persona. Se cominciamo a fare affidamento sull'intelligenza aperta, saremo liberati dal melodramma che viene naturalmente con il desiderio di ottenere qualcosa da una relazione, e solo quando c'è completa liberazione da quel melodramma è possibile avere una relazione veramente intima.

Fin dall'inizio della nostra vita vogliamo appartenere ed essere capiti, vogliamo amare ed essere amati; tuttavia nella realtà, questa spesso non è l'esperienza vissuta di molti di noi. Anche se abbiamo questo profondo desiderio di essere compresi, di appartenere e di essere necessari, abbiamo spesso la sensazione che non l'abbiamo ancora soddisfatto.

Forse abbiamo trovato la persona con cui sentiamo di essere fatti per stare, il perfetto compagno: amorevole, attento e comprensivo, e vi è una forte connessione con lui o lei. Eppure molte delle stesse emozioni che abbiamo sempre avuto in relazioni passate possono essere ancora presenti: la paura dell'abbandono, la paura di perdere l'amore, la paura di non essere abbastanza bravi, la paura di non essere abbastanza giovani o abbastanza carini o qualunque altra cosa. Molti di noi rimbalzano tra tutti questi pensieri ed emozioni in ogni relazione che abbiamo nella vita fino alla relazione attuale.

Essere in grado di vedere in che modo ci siamo turbati con tutte le nostre idee sulle cose è molto importante. L'amore che stiamo cercando è in noi stessi. Se troviamo quell'amore, nessuna delle storie che abbiamo avuto su noi stessi o su chiunque altro avrà più importanza.

Quando siamo in grado di essere felici ovunque, non c'è più bisogno di una persona, un luogo o una cosa per ottenere qualcosa che non può essere ottenuto da una persona, un luogo o una cosa. Da quella prospettiva, tutte le relazioni sono un luogo di gioia totale, ma quella gioia non è radicata nella persona, nel luogo o nella cosa cui ci si relaziona; è radicata nell'intelligenza aperta.

Con la forza del riconoscimento istintivo raggiungiamo un luogo dove sentiamo che potremmo essere sposati a chiunque! In quel momento siamo davvero pronti a sposarci. Quando siamo in grado di fluire facilmente con chiunque in ogni circostanza che appare, in quel momento siamo davvero pronti per stare in una relazione veramente intima.

L'INTIMITÀ DI COPPIA

Se due persone scelgono di stare assieme in una relazione sentimentale, idealmente entrambe le persone sarebbero dedite all'intelligenza aperta. Tale dedizione all'intelligenza aperta è davvero il miglior fondamento per stare insieme. Qualsiasi altro contesto per la relazione impallidisce in confronto a ciò. Se siete in una relazione sentimentale con qualcuno e siete il solo che si impegna a conoscere se stesso come è veramente - e non volete lasciare la relazione – va perfettamente bene. Potete essere felici come siete, indipendentemente da ciò che accade con l'altra persona.

Perché due persone abbiano intimità come coppia, devono prima essere a proprio agio in se stessi con tutto ciò che appare. Con ogni sentimento che hanno riguardo alle persone della loro vita - l'amore, l'odio, l'ambivalenza, i brutti ricordi, i bei ricordi, le speranze, le paure, la realizzazione che non hanno mai ottenuto ciò che volevano dalla relazione - devono lasciare che sia così com'è mentre mantengono l'intelligenza aperta. Lasciare che tutto sia così com'è è molto diverso dal resistere ai pensieri, cercare di cambiare i pensieri o agire impulsivamente sulla base dei pensieri.

A prescindere da chi siate e da che tipo di relazioni abbiate, dovrete affrontare i vostri dati. Potreste vivere completamente da soli in una caverna per anni, e tutti i vostri dati sarebbero ancora lì con voi. Che viviate in una caverna o siate fuori nel mondo delle relazioni, i vostri dati continueranno a sorgere. Sappiate che ovunque voi siate, lì siete. Ovunque voi siate, è lì che saranno tutti i vostri dati.

L'intimità non avviene condividendo i dati; essa avviene attraverso la profondità del realizzare la propria natura. Quando riconosciamo questo, non abbiamo più bisogno di guardare ad altre persone per soddisfare le nostre esigenze. Sappiamo di poter guardare a noi stessi, il che significa che possiamo guardare alla nostra vera natura.

Con la profondità della pratica dei brevi momenti di intelligenza aperta, ripetuti molte volte, entriamo in un regno di autentica intimità con noi stessi e con gli altri, al punto che nessuno è estraneo a noi. Viviamo la nostra vita in modo gioioso, qualsiasi cosa stia succedendo. Ciò non significa che corriamo in giro intontiti di gioia; vuol dire che abbiamo trovato la gioia profonda e duratura della nostra intelligenza aperta, qualunque sia la nostra esperienza esterna. Sappiamo che non importa ciò che accadrà nella nostra vita, staremo bene.

RELAZIONE SENZA ASPETTATIVE

Forse abbiamo vissuto una vita in cui abbiamo avuto la tendenza ad essere coinvolti in idee su come volevamo che fossero le cose. Uno scenario molto comune è che cerchiamo una persona speciale che sia d'accordo con tutti i nostri dati, e pensiamo che quando troveremo quella persona speciale, avremo trovato finalmente il vero amore. Ma poi, quando in realtà troviamo quel qualcuno speciale, scopriamo che le cose non sono come ci aspettavamo. Andiamo avanti e indietro tra accettare l'altra persona e respingerla, e non troviamo l'equanimità pervasiva che è possibile in una relazione.

Entrare in una relazione intima con qualcuno è qualcosa su cui essere estremamente vigili, soprattutto perché ciascuno dei partner dedicherà tantissimo di se stesso alla relazione. È molto utile acquisire familiarità con la nostra natura e poi decidere da lì quello che vogliamo fare per metterci insieme a qualcuno.

Se scegliamo di avere una relazione con qualcuno, non abbiamo bisogno di cercare qualcosa per noi stessi nella relazione; sappiamo che alla fine non c'è nulla nello stare assieme a un'altra persona che può ingrandirci o portarci verso il basso. Questa è una realizzazione molto, molto potente. Ciò che è veramente importante per noi è avere completo benessere - che siamo in una relazione o no - e questo è alla nostra portata in ogni breve momento di intelligenza aperta.

Grazie al potere dei brevi momenti veniamo a sapere cos'è il vero amore. Il vero amore non avviene facendo in modo che una persona sia in un certo modo. Non abbiamo bisogno di avere idee su una persona, positive o negative. Quando cominciamo a sentire di essere uniti con tutti, allora abbiamo davvero il potere di essere in una vera relazione intima con un'altra persona.

Troviamo che l'amore che abbiamo cercato in qualcun altro è in realtà dentro di noi - non è mai stato da nessuna altra parte. Potremmo cercarlo per sempre in altre persone, luoghi o cose, ma non lo troveremo mai lì. Il vero amore è nella nostra natura pacifica.

CHIAREZZA NELLE RELAZIONI DIFFICILI

Ogni situazione, non importa quale sia, è un campo di addestramento per acquisire chiarezza e comprensione in tutti gli aspetti della vostra vita, e le situazioni che vi irritano di più possono essere il miglior campo di addestramento di tutti. Qualunque cosa un'altra persona faccia è una perfetta opportunità per voi di acquisire certezza nell'intelligenza aperta, e situazioni estremamente negative sono quelle dove nascono i più grandi frutti dell'intelligenza aperta. Lo sono davvero: più è difficile la situazione e meglio è.

Quando vivete una relazione difficile con una persona con cui siete collegati a causa di decisioni che avete preso in passato, allora è veramente importante riconoscere che non siete vittima dei dati associati a quella situazione. Se quella persona facesse cose come lanciarsi in un comportamento minaccioso, cercando di manipolavi o sopraffarvi per ottenere ciò che vuole, così è, e non c'è così tanto da fare al riguardo.

Ci saranno sempre situazioni in cui le persone toccheranno i vostri tasti delicati, e vi è spesso un processo di ritorsione che va avanti dentro di voi che coinvolge il rimproverarle, accusarle di sbagliare e mostrare che persone cattive che sono. Tuttavia quel modo di vedere le cose è davvero molto dannoso per il vostro benessere. Permettendo a voi stessi di rimanere ripetutamente agganciati a queste dinamiche negative, annegate in questi dati.

È una situazione senza possibilità di vittoria ed è totalmente sgradevole.

Nel momento in cui appaiono pensieri ed emozioni negativi riguardo a una relazione difficile, è importante affidarsi completamente all'intelligenza aperta, senza la necessità di modificare i pensieri e le emozioni in alcun modo. Non è necessario reprimere i pensieri e le emozioni; rimanete semplicemente radicati nell'intelligenza aperta piuttosto che nei dati che si manifestano. Se restate nell'intelligenza aperta, allora vedrete che i pensieri e le emozioni sulla persona emergono ripetutamente, e poi simultaneamente si risolvono.

Se non siete in grado di essere chiari e venite strattonati dai pensieri e dalle emozioni, allora ve ne partirete in un viaggio su quella situazione che non vi darà nulla di buono. L'unico modo per non essere dominati dai pensieri e dalle emozioni negative è quello di affidarsi all'intelligenza aperta. Il vostro potere è lì, non è altrove.

La maggior parte di noi è in relazione con qualcun altro in un modo o nell'altro, quindi è importante acquisire fiducia nella nostra forza più grande in modo da poter meglio interagire in modo pacifico con le altre persone. Qui si arriva al dunque, per così dire: nel rimanere fermi in ciò che è fondamentalmente vero. A nessuno piace essere in situazioni con persone estremamente negative, ma ci sono ogni sorta di modi per vivere con questo tipo di situazioni, se si tratta di una parte della nostra vita.

Non possiamo costringere un'altra persona a cambiare il proprio comportamento. La volontà di cambiare deve venire dal di dentro. Ad esempio potremmo mettere qualcuno in carcere o comunque cercare di modificare il suo comportamento, ma ciò non fermerebbe la motivazione di fondo di chi è fuori controllo. Quella persona ha bisogno di voler vedere la realtà di propria iniziativa, in qualsiasi modo ciò possa avvenire.

Mentre a volte è molto difficile stare con una persona con cui avete problemi, potete certamente cambiare la vostra prospettiva riguardo a quella persona. A questo proposito dovete davvero venire in vostro soccorso. Non c'è nessun altro che verrà in vostro soccorso.

Da una chiarezza apertissima avrete molte più opzioni nel gestire la situazione. Assicurandovi all'intelligenza aperta e permettendo che tutto vi appaia diritto in faccia, per così dire, senza la necessità di agire impulsivamente o compulsivamente, allora diventerete sempre più chiari su ciò che porterà alla soluzione migliore. Qualunque misura sia necessario prendere, la vedrete dall'intelligenza aperta.

NON AFFIDARSI AI PROPRI CARI PER IL BENESSERE

Molti di noi hanno nutrito la speranza di poter raggungere un giorno la relazione perfetta con i propri cari. Forse noi l'abbiamo cercata, ma anche se siamo stati in grado di trovarla, non abbiamo potuto contare totalmente su di essa per il nostro benessere. Non solo non possiamo contare su nessuno dei nostri cari per il completo benessere, sappiamo che a un certo punto essi ci lasceranno o noi lasceremo loro. Anche se abbiamo un legame totalmente profondo con una persona, non vi è alcuna garanzia che quella persona sarà in giro per sempre. Uno di noi potrebbe cadere morto nel prossimo minuto senza preavviso.

Godetevi tutto ciò che è disponibile e allo stesso tempo comprendete la sua vera natura. Sappiate che, riguardo a tutte le cose dietro a cui scorrazzate – avere la relazione ideale con i vostri cari o cibo, denaro, sesso, lavoro, amicizie, relazioni intime, avere figli, perseguire attività ricreative, vacanze o sport - nessuna di queste cose può darvi completo benessere.

Non è necessario correre in giro cercando di assicurare il nostro benessere e il benessere di tutti gli altri, perché può venire solo dal di dentro di ognuno di noi. Se corriamo dietro ad ogni genere di cose, ci sarà un certo punto in cui saremo esausti dalla corsa e vorremo solamente riposare.

AMORE INCONDIZIONATO

Molte persone ritengono che il modo migliore per avere un buon rapporto con un'altra persona sia quello di parlare di stati emotivi. Questa è un'idea molto popolare, ma è davvero una sciocchezza. Se parlate costantemente dei vostri stati emotivi con altre persone e loro fanno lo stesso con voi, quella non è certamente la base migliore per una relazione.

Il riconoscimento istintivo dell'intelligenza aperta come la condizione fondamentale di tutte le emozioni è la base ottimale per qualsiasi relazione. Radicatevi lì e avrete vita facile. Se avete bisogno di comunicare qualcosa sulle emozioni, potete farlo, ma la conversazione non sarà più solo sulle emozioni.

Siete mai stati in grado di rimanere totalmente chiari e connessi con qualcuno parlando delle vostre emozioni? Forse per un po' di tempo potrebbe funzionare e potreste sentirvi più connessi, ma ci saranno sempre più emozioni di cui parlare e più cose da chiarire. Questo è un modo goffo e maldestro di relazionarsi.

C'è molto poco di cui parlare nel dominio emozionale, perché le emozioni sono solo apparizioni temporanee. Non abbiamo bisogno di divenire chiari sui tanti e diversi stati emotivi al fine di trovare l'amore, ma se non lo comprenderemo mai, parleremo senza sosta dei nostri stati emotivi per tutta la vita.

Potremmo sederci e raccontarci infinite storie su questa, quella e quell'altra cosa. Ad esempio, una persona potrebbe dire: "Mi sento male quando mi guardi in quel modo", e l'altro potrebbe rispondere: "Beh, non intendo guardarti in quel modo, ma quando ero piccolo nessuno mi ha ascoltato e come risultato ho un'espressione permanentemente accigliata". Potremmo pensare che, condividendo storie come questa, ci avviciniamo in qualche modo gli uni agli altri e che questo tipo di relazione è uguale all'intimità, ma non lo è.

Questo non vuol dire che, identificandoci con l'intelligenza aperta diventiamo dei robot e non abbiamo nessuna emozione. Piuttosto, tutte le emozioni che sorgono vengono viste in modo radicalmente diverso. Nessun pensiero, emozione o esperienza deve oscurare l'amore cristallino che risplende attraverso tutte le apparizioni. L'amore è la perfezione naturale della realtà *così com'è*, proprio qui e ora. Per sapere veramente cosa sia l'amore, dobbiamo acquisire certezza nell'intelligenza aperta nella misura in cui, non importa quali dati appaiano, li vediamo come un'apparizione di quell'amore. Le apparizioni non sono qualcosa da trascinare via, in cui essere coinvolti o di cui essere indifferenti. Esse sono solo la pura presenza dell'amore perfetto.

Una volta che troviamo questo amore, non siamo più fissati a cambiarci i dati reciprocamente o ad avere la necessità di capire i nostri stati emotivi. Non abbiamo più aspettative infantili che i nostri partner romantici, gli amici o la famiglia debbano soddisfare per noi. È così completamente liberatorio acquisire certezza nell'intelligenza aperta, perché siamo in grado di scoprire l'amore incondizionato che si esprime senza aspettarsi amore di ritorno.

VERA RELAZIONE

A volte abbiamo la sensazione di aver bisogno di iniziare una relazione romantica, perché se la otteniamo avremo finalmente qualcuno che ascolti i nostri dati. Ma questo non è ciò che dovrebbe essere una relazione. A volte approcciamo le relazioni senza nemmeno sapere che la voglia di avere una relazione potrebbe provenire da quella disposizione di bisogno di qualcuno che ascolti i nostri dati.

Siamo fatti per godere reciprocamente di noi stessi e della vita insieme e di prenderci cura gli uni degli altri. Questo è ciò che è vera relazione: darsi più gioia reciprocamente, non meno gioia. Facendo affidamento sull'intelligenza aperta, vediamo le persone come sono, vedendo noi stessi come siamo. Quando vediamo noi stessi come siamo e siamo in grado di vedere gli altri come sono, allora non li vediamo più come un oggetto che, in qualche modo, andrà a soddisfare i nostri bisogni. Siamo insieme a loro in modo agevole e siamo in grado di stare con le persone in un modo che non comporta calamità, isteria e dramma. Questo è molto, molto potente.

LO STATO NATURALE DELL'AMORE

Molte volte cerchiamo l'amore provando ad approntare molte di quelle che consideriamo apparenze amorevoli. Non conosciamo veramente l'amore se abbiamo solo una descrizione di ciò che l'amore potrebbe essere. Non sapremo mai veramente cos'è l'amore se non abbiamo familiarità con la nostra chiarezza interiore.

Molto spesso speriamo che un'altra persona ci ami, ma temiamo che non lo faccia. Questo punto di vista sottile informa le nostre azioni. La nostra attività può diventare contratta perché si basa sul tentativo di fare certe azioni che consideriamo amorevoli e compassionevoli. La relazione si basa quindi sulla speranza e sulla paura: sperare che l'amore accadrà e temere che non sarà così, e aver bisogno che un'altra persona ci ami per sentirci amati. I dati che provengono dalla speranza e dalla paura sono spesso molto comuni nelle relazioni sentimentali.

Quando all'inizio siamo assieme alla persona amata, tutto è fantastico. Stiamo così bene; sentiamo che non ci accadrà mai più nulla di negativo. Ci sentiamo come la persona più fortunata della terra. Vogliamo solo stare insieme tutto il tempo, e c'è

un'apertura piena di amorevole dolcezza. Ma dopo un po'
questo può cominciare a cambiare.

Ci sono dati molto sottili che si presentano, basati sull'idea di
causa ed effetto: l'"effetto" è il profondo amore che sentiamo e
la "causa" di questo amore profondo è la persona che abbiamo
incontrato. Se pensiamo che quella persona sia la fonte
dell'amore, allora se l'amore scompare penseremo che è lei la
causa della scomparsa.

Quando quella sensazione iniziale di intenso amore appare
diminuita, pensiamo che questo abbia qualcosa a che fare con
l'altra persona. Potremmo dire per esempio: "Beh, penso che sia
necessario che tu cambi in modo che l'amore possa tornare. Se
smettessi di parlarmi in quel modo o se ti ricordassi di mettere
giù il sedile del water, l'amore ritornerebbe". Sappiamo tutti
com'è, perché ci siamo passati. Quando vediamo questo tipo di
situazione in un modo così chiaro sembra divertente, ma quando
ci perdiamo non è divertente affatto.

Quando cominciamo a prendere confidenza con l'intelligenza
aperta, i nostri rapporti con le persone cambiano. Le nostre
relazioni si basano sulla sensibilità e sulla compassione naturale
dell'intelligenza aperta, e tutta la nostra relazionalità diventa
incondizionata. Troviamo in modo molto naturale che le
relazioni che abbiamo avuto non appaiono più come prima. Ad
esempio: forse abbiamo attribuito tante definizioni psicologiche
al nostro partner o alla nostra famiglia, su chi ha fatto cosa a chi
e come abbiamo finito per essere come siamo a causa di quello
che ci hanno fatto, ma attraverso l'intelligenza aperta possiamo
vedere quanto nonsenso c'è in questo.

Quando acquisiamo familiarità con l'intelligenza aperta, ci
spostiamo al di là di tutte le sciocchezze e cominciamo a vedere
il nostro partner e la nostra famiglia in un modo nuovo. "Wow,
che ne sai: loro sono proprio come me. Tutti i flussi di dati sono
solo quello che sono". Forse prima avevamo bisogno di

qualcosa da queste persone, ma ora sappiamo che non abbiamo bisogno di niente da nessuno. Abbiamo un'enorme compassione e connessione che forse non abbiamo mai avuto prima.

Questo è vero in tutte le relazioni, che siano relazioni familiari, relazioni intime o semplicemente incontri ordinari con gente che cammina per strada. Tuttavia ciò non significa che siamo sciocchi; significa che le nostre azioni fluiscono con chiarezza totale. Entriamo in alcune situazioni, in altre no, e questo accade senza sforzo. Non siamo chiusi dentro idee fisse sulle cose. Qualsiasi cosa succeda, ci affidiamo all'intelligenza aperta, e poi sappiamo cosa fare. Quando tutti i dati sono eclissati, abbiamo maestria sull'illusione dei dati.

Questa è una vita proficua. Fino ad allora, la vita è piena di incertezze a causa della necessità percepita di mantenere diverse relazioni e certi modi di essere al fine di sentirci a proprio agio e sicuri. È solo quando il comfort e la sicurezza sono gettati completamente fuori dalla finestra e tutto precipita che tutto è visto come libero e senza tempo.

FIGLI E GENITORI

CAPITOLO SEDICI

L'ESEMPIO DI UN GENITORE

Se siete genitori, certamente sentite una grande responsabilità nel prendervi cura dei vostri figli, e volete fare ciò che è meglio per loro in base a ciò che avete scoperto per voi stessi. Potreste essere diventati molto interessati a fare affidamento sull'intelligenza aperta nella vostra vita, ma non sapete se i vostri figli saranno mai interessati allo stesso modo.

Quello che potete fare per loro è permettergli di vedere che hanno una chiara scelta nella loro vita: un modo convenzionale di vivere la vita che significa focalizzarsi sui dati, o una vita di affidamento all'intelligenza aperta. Potete descrivere loro come le cose sono cambiate per voi una volta che avete iniziato ad affidarvi all'intelligenza aperta e come ciò che prima era difficile per voi non lo è più, e potete spiegare loro come quello che avete scoperto ha fatto la differenza nella vostra vita. Loro, tuttavia, dovranno esplorare per loro stessi quello che avete detto efare le proprie scelte.

Ma anche se non spiegate nulla, un figlio può percepire ciò che è vero, perché la verità è così chiara e istintiva. Un genitore può fare molto per assicurarsi che il terreno sia preparato per il proprio figlio, e ciò avviene per lo più attraverso l'esempio del genitore. Non dovete predicare ai vostri figli; loro possono vedere il modo in cui vivete la vostra vita. Vedono il modo in cui siete in relazione ai vostri dati e il modo in cui siete in relazione ai loro dati. "Scimmia vede, scimmia fa!". Ciò che le piccole scimmie vedono fare alle grandi scimmie è ciò che tenderanno a fare a loro volta!

Anche se i vostri familiari o i vostri partner o i vostri figli non hanno idea di quello che state facendo e non lo comprendono affatto, semplicemente con la vostra presenza potete avere un'influenza su di loro che forse non riusciranno nemmeno a riconoscere. Voi potete rendere migliore la vita di coloro a cui siete connessi, anche se loro potrebbero non sapere che è la vostra presenza che lo ha fatto.

MANTENERE LA VOSTRA FELICITÀ

Cosa si deve fare quando la mamma diventa scontrosa? Una bambina ha fatto questa domanda, ma tutti coloro che hanno una mamma hanno avuto a che fare con questo una volta o l'altra. Prima di tutto, se lei è scontrosa e voi reagite contro quel malumore, allora sarete entrambi di cattivo umore, non è vero? Ma se vi prendete un momento di pausa e vi rilassate senza immaginare o fare qualcosa, allora saprete meglio quello che dovrebbe accadere. Forse potreste dirle qualcosa come: "Abbiamo conversazioni migliori quando siamo gentili rispetto a quando siamo scontrosi". Quindi, in questo modo è facile, perché ciò favorisce l'amicizia, con tua madre o con un'altra persona.

Probabilmente tutti abbiamo pensato delle nostre mamme: "Oh, perché mi tratta così!". Potrebbe anche andare così in là che potremmo dire: "Vorrei avere un'altra mamma". Avete mai avuto pensieri del genere? Chiunque abbia mai avuto una mamma ha avuto questo pensiero, quindi vedete, questo è molto normale.

Quello che è importante è che voi siete felici e contribuite a rendere felici gli altri. Ora, se vostra mamma è scontrosa, potete vedere di essere felici voi, e, da quella felicità, vedere ciò che potreste fare per esserle di beneficio quando non si sente così bene. Se le piace il caffè, forse potreste prepararle una tazza di caffè, o se le piace avere la schiena massaggiata o fare delle passeggiate fino alla biblioteca, potreste fare queste cose con lei. Nel flusso naturale delle cose quasi tutti diventano scontrosi, ed è bello vedere che cosa possiamo fare per essere amorevoli, gentili e compassionevoli con le persone quando non si sentono bene.

A volte le persone che sono scontrose o di cattivo umore sono così per molto tempo, o forse sono in questo modo la maggior parte del tempo. Esse possono anche essere imprevedibili: per la metà del tempo sono scontrose o hanno qualche malumore, e poi per l'altra metà è piacevole stare con loro. Comunque sia, potete sempre sapere cosa fare in una di queste situazioni, mantenendo la vostra felicità. Poi potete vedere come vivere al meglio la vostra vita in modo che possa creare felicità anche ad altri.

QUANDO L'AMORE È PIENAMENTE VIVO

Ci sono dati che possono essere molto, molto dolorosi per noi. Ad esempio, volere disperatamente qualcosa può essere un flusso di dati molto doloroso. Questo potrebbe assumere la forma di volere successo nella vita o voler avere un figlio e vedere anche queste cose come qualcosa di essenziale per la nostra felicità a lungo termine.

Spesso veniamo coinvolti nella ricerca compulsiva del sollievo e del benessere attraverso il raggiungimento di diverse esperienze di vita. Pensiamo che l'innamoramento ci darà benessere. "Beh, è così. Avrò una relazione e sarà davvero fantastico". Poi iniziamo una relazione e, in un primo momento, tutto è splendido. Siamo totalmente in amore; ci si sente così bene e tutto è così ideale. Ora che siamo innamorati, ci piacciono tutti, anche persone che non ci piacevano prima! Sappiamo per certo che sentiremo sempre questo amore.

Quasi tutti coloro che si innamorano sentono questo, ma è estremamente raro che questo amore duri. È raro perché quell'amore richiede una notevole maturità e completezza per essere mantenuto in vita. Solo quando quell'amore è pienamente vivo in sé e per sé, può rimanere in vita in una relazione. Una relazione ideale sarebbe quella dove questa maturità è pienamente viva in entrambe le persone e la relazione è senza aspettative.

Ma se quella maturità non c'è, quando l'amore comincia a non essere presente e quell'innamoramento scompare, allora diamo la colpa all'altra persona per questo. Anche se non lo facciamo consapevolmente, potremmo incolpare l'altra persona. Siamo sicuri che l'altra persona abbia bisogno di cambiare in modo che questo amore torni. Va avanti così ripetutamente. Questo illustra l'influenza compulsiva dei dati.

L'amore dell'innamoramento non c'è più, e vogliamo che torni così disperatamente. Poi pensiamo: "Ah! Un figlio è la risposta! Facciamo un figlio insieme". Così, viene il figlio, e in un primo momento c'è di nuovo quella sensazione di innamoramento, ma poi le richieste dei genitori e la crescita del figlio prendono piede. Diventa subito evidente che c'è ogni sorta di dati associati al crescere un figlio. I figli sono chi sono, e molti di loro non sono aperti alla ragione per un lungo periodo. Ora, non solo ci sono due adulti, ma c'è un figlio che può non essere aperto a ragionare. In effetti, potrebbe non essere mai aperto a ragionare per tutto il tempo in cui lo conosceremo!

Idealmente, quando ci innamoriamo, vogliamo qualcuno che ci corrisponda perfettamente, e quando abbiamo un figlio vogliamo un figlio che ci corrisponda perfettamente. Speriamo che nostro figlio sia un compagno vero e provato per tutta la vita. Beh, siamo stati noi dei compagni veri e provati per i nostri genitori nel corso della vita? Anche se cerchiamo relazioni - che si tratti di un altro partner significativo o di un figlio - non abbiamo realmente esaminato ciò che è necessario per la vera felicità in una relazione.

Avere un figlio non porta di per sé alla felicità. Avere e crescere figli, come qualsiasi altra esperienza di vita, è piena di ogni sorta di dati. Una volta che abbiamo un figlio, non solo abbiamo i nostri dati da affrontare, ma abbiamo anche i dati di nostro figlio da affrontare.

Ciò su cui abbiamo veramente bisogno di fare affidamento è la cosa più essenziale per la nostra felicità a lungo termine, che è acquisire certezza nell'intelligenza aperta. Ciò è più importante di ogni altra cosa, più importante di tutti i soldi che possiamo guadagnare, di qualsiasi lavoro abbiamo, di ogni educazione che riceviamo o di qualsiasi figlio che potremmo avere.

LA MATERNITÀ ULTIMA

Quando potenziamo davvero una persona, mostrandole la sua vera natura, si potrebbe dire che questa è la maternità ultima che una persona può dare ad un'altra! La maternità è diversa dalla custodia. Spesso confondiamo la maternità o la genitorialità con la custodia. Prendersi puramente cura di un figlio è diverso dal potenziare un figlio. Potenziare i figli è permettere loro di vedere quali sono i loro punti di forza, doni e talenti e come questi talenti possano essere di beneficio a tutti. Ciò che accade la maggior parte del tempo è che i genitori fanno cose per i figli che i figli avrebbero potuto fare da soli, ma i figli non impareranno quali sono i loro punti di forza, doni e talenti se i genitori fanno tutto per loro.

Ad esempio, all'età di sette anni, un bambino dovrebbe essere in grado di alzarsi in tempo per la scuola e preparare il proprio pranzo; e comunque prendersi cura di un sacco di cose che i genitori spesso fanno per lui, se il bambino viene potenziato a farlo. Potrebbe essere considerato strano quando un bambino viene potenziato da un genitore in questo modo in così tenera età; tuttavia, un bambino di sette anni è perfettamente in grado di prendersi cura di molte più cose di quanto ci aspettiamo, se solo gli permettiamo di farlo. Se non viene potenziato a prendere decisioni fin dall'inizio, allora quella capacità potrebbe diventare chiara nella sua vita solo molto più tardi. Sostenere un figlio in questo modo è la genitorialità ultima. Il genitore non ha bisogno di essere un'autorità che ha in qualche modo la risposta per tutto e per tutti.

Abbiamo dentro di noi un impulso naturale a essere di beneficio per tutti, ma non è sufficiente voler essere di beneficio a tutti: è importante sapere come essere di beneficio a tutti. Ecco dove i veri mezzi abili di un genitore entrano in gioco.

UN'INFLUENZA DAVVERO MIRACOLOSA

Se siete assorti nella vita e avete un milione di cose da fare con molti impegni e obblighi, vuol dire che va così. Se siete un genitore che si trova in un rapporto difficile con il coniuge o il partner, e abbandonate quello scenario per cercarne un'altro, allora lascerete uno scenario con i suoi dati per un altro scenario che ha i suoi dati. Se lasciate lo scenario difficile per un'altro che credete più facile, avrete a che fare con tutto il senso di colpa e il rimorso che provengono dal sottrarvi dalla famiglia e dai figli con cui avevate preso un impegno.

I dati difficili che avete non migliorano necessariamente portando voi e tutti i vostri dati con voi in un altro luogo. Le persone che avete lasciato si chiederanno dove siete andati e perché siete andati lì. Anche se si può essere tentati di uscire da una situazione preoccupante, è una mossa che ha delle conseguenze. Allo stesso tempo non sto suggerendo in alcun modo che si dovrebbe continuare a rimanere in un rapporto dove hanno luogo degli abusi.

Diciamo per esempio che avete vissuto una circostanza di famiglia molto difficile, e magari avete considerato la possibilità di lasciare, ma ad un certo punto forse vi siete interessati a brevi momenti, molte volte. Volete portare questo messaggio alla vostra famiglia, ma non sapete come possa funzionare. Se vi trovate in una situazione del genere, il mio suggerimento è quello di continuare a prendere brevi momenti, e sarete stupiti dall'influenza davvero miracolosa che ciò può avere su qualsiasi situazione in cui vi troviate.

Può essere che il vostro partner non sia affatto interessato ai brevi momenti, o addirittura li veda come una minaccia. Magari state cercando di incoraggiare i vostri figli a fare affidamento sull'intelligenza aperta e loro dicono: "Non voglio più sentir parlare di questo!". In ogni caso, potreste trovare dopo qualche tempo che, senza fare nulla di specifico, questa disposizione riposante che avete assunto in qualche modo ha permeato la famiglia. Andate avanti nella vostra vita affidandovi all'intelligenza aperta, e mentre lo fate, le vostre relazioni saranno tali che le persone vedranno dei cambiamenti in voi. Quelle persone potranno apprezzare i cambiamenti, e forse inizieranno ad affidarsi all'intelligenza aperta anche loro. Potreste scoprire che adottano un modo più semplice di vivere in modo naturale senza che ci sia necessità da parte nostra di evangelizzare.

PRIMA DI AVERE UN FIGLIO

È molto importante essere totalmente chiari sulle proprie motivazioni prima di poter realmente avere un figlio. Se non avete ancora avuto figli, è davvero importante acquisire certezza nell'intelligenza aperta prima di decidere di avere un figlio, perché molto spesso abbiamo figli per ragioni sbagliate. Potrebbe sorgere la sensazione: "Oh, un bebè sarebbe bello. Saremo una famiglia, e i figli cresceranno felicemente, e poi se ne andranno e costruiranno la propria vita. Inizieranno le loro famiglie e mi inviteranno nelle loro nuove vite, mi ameranno e si prenderanno cura di me quando sarò vecchio".

È necessario confrontarsi con la realtà perché, mettere al mondo un'altra vita, è una responsabilità enorme. Alcuni bambini sono naturalmente predisposti all'intelligenza aperta, ma sono molto, molto pochi, e molti altri non sono affatto naturalmente predisposti. Qualsiasi sia la decisione che prendiate riguardo all'avere un figlio, essa sarà molto più chiara se deriva dalla certezza nell'intelligenza aperta. Avrete un'idea molto più chiara su ciò che volete fare e sul perché volete farlo. Non avrete nessun motivo temerario per fare quello che fate.

Essere genitori di un bambino è una relazione per tutta la vita che coinvolge ogni sorta di cose; non si sa mai da che parte andrà. Se siete una di quelle persone che ha sognato dei figli che crescono e poi si prendono cura di voi, ciò può accadere oppure no. Vi state prendendo cura dei vostri genitori nel modo in cui vorreste essere trattati quando sarete vecchi?

È davvero importante portare l'idea di avere figli fuori dalla fantasia, nella realtà. Alcune scuole utilizzano l'approccio di insegnare competenze genitoriali facendo portare in giro agli studenti un sacco di cinque chili di farina, ovunque vadano, per settimane, come se fosse un bambino. Se escono per un appuntamento, devono portare quel sacchetto di farina o trovare qualcuno che lo guardi per loro. Questo non dà esattamente la sensazione di avere un figlio vero, ma è un buon modo di far vedere agli studenti il livello di responsabilità che comporta.

È anche molto importante essere chiari sul tipo di mondo in cui un figlio capiterebbe. In questo momento siamo sul precipizio di grandi cambiamenti, e non siamo sicuri di cosa accadrà durante la vita di un bambino che mettiamo al mondo. Tutte queste sono considerazioni molto importanti prima di assumersi la responsabilità di avere un figlio. Acquisite certezza nell'intelligenza aperta, e poi date vita a futuri portatori di conoscenza di pura intelligenza aperta, se lo desiderate. Questo è il modo di procedere.

Con un figlio, proprio come con voi stessi, ci sono un infinità di approcci che possono essere presi se qualcuno si perde nei dati. Ciò che volete per vostro figlio è quello che vorreste per voi stessi in una situazione come quella: che si affidi all'intelligenza aperta piuttosto che indulgere, evitare o sostituire i dati. Ogni bambino può imparare ad acquisire certezza nell'intelligenza aperta, e, come genitori, questa è l'offerta ultima che potete dare a vostro figlio.

Alcuni bambini sono più tranquilli di altri e sono naturalmente rilassati e aperti, e altri bambini sono all'altro estremo. Sono completamente fuori controllo, e possono non solo piangere e urlare, ma possono anche colpire, calciare, mordere e fare altre cose impulsive, perché non sanno che non dovrebbero fare queste cose. In questi giorni ci sono sempre più bambini nel mondo che agiscono in questo modo impulsivo.

Dare ai vostri figli la possibilità di affidarsi all'intelligenza aperta e rafforzare continuamente questo in loro è assolutamente essenziale. Ma diciamo che avete perso l'opportunità di farlo con i vostri figli quando erano piccoli. Non avete mai avuto un'introduzione a fare affidamento sull'intelligenza aperta quando i figli erano piccoli, e non siete stati in grado di farli crescere da tale prospettiva. Ora vi guardate indietro e rimpiangete di non averlo mai dato ai vostri figli. Beh, non si può tornare indietro nel tempo e cambiare le cose che sono già state fatte. Avete bisogno di fare affidamento sull'intelligenza aperta nell'incontro diretto con quel rimpianto persistente che potreste avere su questo problema.

Che i vostri figli siano giovani o adulti, hanno l'opportunità di acquisire certezza nell'intelligenza aperta. Nello stesso modo in cui avete l'opportunità di acquisire certezza nell'intelligenza aperta nella vostra vita, i vostri figli, a qualsiasi età, hanno la stessa opportunità. Dipende da loro; in qualsiasi circostanza possano essere i vostri figli, dipende veramente da loro.

Se avete dei figli piccoli adesso, che rifiutano di usare l'intelligenza aperta come strumento nella loro vita, allora quello sarà semplicemente il modo in stanno le cose. Avere un figlio che non seguirà le vostre direzioni è una parte di ciò con cui avrete a che fare quando avete dei figli. Anche se potreste pensare: "Plasmerò questo bambino a mia immagine e somiglianza e ai miei ideali", ciò potrebbe non accadere mai. Ci sarà sempre qualcosa per loro al di fuori della vostra immagine del modo in cui dovrebbero andare le cose.

Che abbiate a che fare con i figli o con altre persone che amate, quando acquisite certezza nell'intelligenza aperta, vedrete immediatamente quanto quella fiducia sarà benefica per tutti.

SIAMO TUTTI FIGLI PERFETTAMENTE DOTATI

Se siamo persi nel mondo del punto di vista, viviamo in uno stato di costante delusione, che ne siamo consapevoli o no - costantemente alla ricerca di stati emotivi o intellettuali che siano un punto di riferimento fisso su cui contare. Poiché questo punto di riferimento fisso non esiste e non potrà mai essere trovato, siamo in uno stato di costante delusione. Vogliamo che i nostri amici, la famiglia o i nostri cari ci diano una sorta di soddisfazione o di pienezza, e la vogliamo anche dai nostri figli. Siamo spesso delusi da loro, perché non ci danno quello che abbiamo cercato da loro.

C'è solo una forma di vera intimità ed è l'intimità che deriva dallo stato di base. Quel tipo di intimità è completamente lucida. Non ha bisogno che nessuno sia niente, quindi è automaticamente intima con tutto. Quando permettiamo a tutto di riposare in quello stato di base, allora siamo automaticamente intimi con tutti e con tutto, senza cercare di esserlo. Siamo in grado di andare al di là dell'assecondamento emotivo e permettere che tutto sia così com'è. Se riusciamo a permettere che ciò sia vero per noi, possiamo permettere che sia vero anche per i nostri figli.

Quando guardiamo noi stessi come i nostri dati, allora guardiamo anche tutti gli altri come i loro dati. Molto spesso vogliamo cambiare i dati dei nostri figli nei nostri dati, ma questo non porterà mai un vero benessere, e nessuna manipolazione dei dati potrà mai dare a un figlio un benessere permanente. L'unico luogo in cui i figli potranno sempre trovare benessere permanente è dentro di loro.

I segni della saggezza che sorge da sé, dimostrati in chiarezza, comprensione, completa stabilità mentale ed emotiva, compassione e attività abili, sono presenti in tutti. Se ci affidiamo alla nostra natura pacifica per brevi momenti molte volte, rapidamente e sicuramente troveremo qualcosa di noi stessi che non abbiamo mai sognato possibile. Come un bambino meraviglioso pieno di doni, punti di forza e talenti incredibili, così anche ogni singolo essere umano sulla faccia della terra ha i poteri dell'intelligenza aperta già presenti dentro di sé; tutto quello che dobbiamo fare è accedervi.

L'istruzione segreta, la chiave d'oro, si trova in brevi momenti, ripetuti molte volte, finché l'intelligenza aperta diventa continua.

Sezione Cinque
L'Intelligenza Aperta Pervasa dalla Pace

COMPASSIONE E BENEFICIO

CAPITOLO DICIASSETTE

VEDERVI ESATTAMENTE COME SIETE

Alcuni dei più grandi maestri di saggezza che siano mai vissuti hanno detto: "Gli stati afflittivi hanno imperversato dentro di me per tutta la mia vita". Questo è un grande insegnamento. Ci può essere ogni sorta di avversità nella vita di qualcuno che è saggio e consapevole; tuttavia, essi hanno una presenza costante di gioia, amore e compassione, perché non sono scissi in egocentrismo e costernazione. Così avviene la compassione naturale.

Vedendovi esattamente come siete, diventate compassionevoli con voi stessi, e quella compassione per voi stessi è fonte di compassione per tutti. È possibile coltivare qualche sorta di compassione, ma ciò non è la stessa cosa della compassione che avviene naturalmente. Scindersi da ciò che viene pensato e sentito, nel tentativo di diventare compassionevoli, porta solo una compassione artificiosa.

D'altra parte, la compassione che avviene naturalmente, si fonda nel non dover cambiare gli stati afflittivi. Anche se i vostri pensieri sono pazzi e spaziano dappertutto, potete ridere di voi stessi mentre naturalmente, completamente, irrevocabilmente e assolutamente, vi affidate all'intelligenza aperta. Quello è anche il luogo in cui si trova una grandissima energia. Nel lasciarvi completamente nudi, esattamente come siete, trovate un'enorme risorsa di energia, intelligenza e cura.

L'umiltà, l'apertura e la disponibilità avvengono permettendo a voi stessi di essere come siete. Uno stato afflittivo può apparire, e vedete che l'intelligenza aperta appare con esso ed è inseparabile da esso. Sapete che state acquisendo certezza nell'intelligenza aperta attraverso la manifestazione dell'intelligenza aperta associata a tale riconoscimento. Ecco come gradualmente e istintivamente riconoscete l'indivisibilità di tutto e arrivate ad avere vera compassione per tutti.

COMPASSIONE NATURALE

La compassione è sempre presente per una persona che dimora nella propria identità di intelligenza aperta. Quella compassione non assomiglia a una cosa in particolare, e non appare come la maggior parte delle idee su cosa dovrebbe essere la compassione. Molte persone credono che la compassione sia uno stato cortesemente buono, o avere solo pensieri ed emozioni positivi, ma quella non è vera compassione. La vera compassione è naturalmente presente e naturalmente libera così com'è.

Noi arriviamo a quella comprensione vedendo che tutti i nostri pensieri, le nostre emozioni, le nostre sensazioni ed esperienze sono naturalmente liberi. In altre parole, sappiamo cosa succede tutto il tempo, e attraverso ciò diventa possibile sapere cosa fare e come agire in ogni situazione. Questo è ciò che è veramente la compassione: sapere cosa fare e come agire in ogni situazione. Se cerchiamo di architettare la compassione, è impossibile vedere che siamo intrinsecamente compassionevoli. La nostra innata compassione può essere riconosciuta solo accrescendo la certezza nell'intelligenza aperta. Non è qualcosa che bisogna cercare di coltivare.

Ad esempio, diciamo che siete al supermercato in una fila lunga. Non vedete l'ora di uscire da lì, e qualcuno arriva e taglia la fila proprio davanti a voi. Forse un'altra persona si avvicina, vede l'altra persona entrare in fila davanti a voi, e taglia anche lei la fila! Siete totalmente esasperati e pensate: "Che cosa sta succedendo con questa gente?". Se state coltivando la

211

compassione, la tendenza potrebbe essere quella di dire: "Va bene, arrabbiarsi con queste persone non è la disposizione corretta. Ho bisogno di essere compassionevole, quindi mi limiterò a lasciarli andare avanti e cercherò di affrontare la mia rabbia verso di loro".

Diciamo però che queste persone tagliano la fila davanti a voi, e voi sentite una recrudescenza di risentimento, ostilità e rabbia - da qualcosa di molto minimale a qualcosa di estremamente palese. Non importa quello che è, affidatevi all'intelligenza aperta e vedete quale sarebbe la migliore risposta alla situazione. Non entrate nel gioco di architettare pazienza e compassione o di cercare di essere in un certo modo. La compassione è nella stabile intelligenza aperta; non si trova nel cercare di essere in un certo modo. Questo è molto importante, soprattutto se siete stati buonisti, e molti di noi sono stati buonisti per tutta la nostra vita, giusto?

La compassione esiste già dentro ogni cosa, quindi non ha bisogno di essere costruita. Nello stesso modo in cui la brillantezza di un diamante è inerente al diamante, la compassione è inerente all'intelligenza aperta.

LO SCOPO DELLA VITA

Che lo sappiamo o no, ogni singolo giorno siamo impegnati a trovare lo scopo della vita. È un'aspirazione naturale per un essere umano, ma la maggior parte di noi è incerta su ciò che è lo scopo della vita. Se non conosciamo lo scopo della vita e non conosciamo nessuno che lo sappia, allora può essere molto difficile risolvere quel problema dentro di noi.

Lo scopo della vita è molto, molto semplice: beneficiare noi stessi e beneficiare gli altri. Col potere di essere di beneficio a noi stessi, abbiamo il potere di essere di beneficio agli altri. Il termine "beneficio" può significare cose diverse per persone diverse. Qualcuno potrebbe dire: "Sono di beneficio a me stesso perché ho un buon lavoro, faccio un sacco di soldi, possiedo una casa e una macchina e mantengo la mia famiglia. Sono di beneficio agli altri perché dò loro un lavoro e sono gentile con le persone in generale". Questo è un certo tipo di beneficio, ma ha una portata molto limitata di beneficio rispetto a ciò che siamo capaci di fare.

Questa preoccupazione per lo scopo della vita si riduce alla questione fondamentale di cosa siamo capaci di fare come esseri umani. La maggior parte di noi trascorre tutta la vita senza mai sapere di cosa siamo capaci, né incontriamo mai qualcuno che sia in grado di sapere di cosa siamo capaci.

Se guardiamo alla natura della vita, possiamo dire che nessuna azione può avvenire senza la mente, e nulla può essere conosciuto senza la mente. La mente è la chiave; è la fonte di tutte le percezioni. Tutto quello che sappiamo di noi stessi, del mondo e degli altri lo sappiamo attraverso la mente e il suo sistema operativo fondamentale, che è l'intelligenza aperta. Quando comprendiamo che lo scopo insito della mente è di essere di beneficio a noi stessi e agli altri, possiamo davvero arrivare a chiederci: "Come posso esplorare questa possibilità che la mia mente è in realtà intrinsecamente benefica?".

La maggior parte di noi non impara mai che la nostra mente può essere intrinsecamente benefica. Invece trascorriamo tutta la vita in guerra con la nostra mente. Abbiamo paura di noi stessi e abbiamo paura di molti dei nostri pensieri e delle nostre emozioni. Siamo come dei gestori minuziosi che cercano di rendere i nostri pensieri dei pensieri migliori, le nostre emozioni delle emozioni migliori, e le nostre esperienze delle esperienze migliori. In realtà non capiamo che la mente ha un beneficio innato che è completamente al di là del cercare di capire cosa fare delle emozioni, dei pensieri e delle esperienze.

La natura fondamentale della mente è una distesa stabile che è calma e chiara in ogni momento. La calma e la chiarezza della mente è presente in ogni singola percezione. Non c'è mai nulla di conosciuto senza questa stabilità fondamentale e intelligenza aperta della mente presente in essa.

COMPLETA CONNESSIONE CON TUTTI E CON TUTTO

Finché siete focalizzati sui vostri malesseri e dolori – che siano mentali, emotivi o fisici - avrete una visione molto limitata, e le vostre opzioni saranno molto ristrette.

Quando la vostra certezza nell'intelligenza aperta sarà tale che potrete naturalmente e facilmente affidarvi all'intelligenza aperta, allora avrete una connessione completa con tutti e con tutto. Non sarete più occupati solamente con il corpo, i pensieri, le emozioni e le esperienze. Vi affiderete completamente all'intelligenza aperta e sarete completamente sensibili a tutto il dolore e la sofferenza che si verificano e alla compassione e all'amore pieno di gioia, che sono il fondamento di tutto.

Per di più, quando diventate chiari e lucidi dentro di voi, allora sarete chiari e lucidi su tutto. Quando vedete davvero in modo profondo ciò che vi fa perdere la bussola, vedete immediatamente ciò che fa perdere la bussola a tutti gli altri. Sapete perché le persone fanno quello che fanno, dai presidenti delle nazioni alla persona che elemosina per strada, dai grandi santi agli assassini e ai maniaci. In modo molto ordinario, semplice e umano guardate altre persone da cui siete sempre stati sconcertati e confusi, e improvvisamente vedete: "Wow, sono sopraffatti dai loro dati, proprio come lo ero io".

Realizzate che siete lo spazio dinamico che è la base di tutto ciò che appare. La devozione al cento per cento all'intelligenza aperta e la compassione che appare naturalmente in quella devozione apre una vita che non avreste mai concepito. Questo tipo di compassione non può essere coltivato; avviene naturalmente. È la realizzazione istintiva in prima persona della natura e dell'intento compassionevole di tutto. Questo è ciò che vi garantisce la libertà in tutti i dati.

L'UNIVERSALITÀ DELL'ESPERIENZA

Mentre alcune persone sono molto amorevoli, altre non lo sono, e ci sono tutti i tipi di persone nel mezzo. Piuttosto che adottare posizioni come: "Oh, ognuno è pieno di amore. Non è meraviglioso!" o "Tutti sono così odiosi e terribili e il mondo è un posto terribile", è molto meglio avere una chiara comprensione, libera da tutti gli estremi. La compassione permette a voi di essere esattamente come siete e agli altri di essere esattamente come sono, e di essere decisi e senza paura nell'incontro diretto con ciascuno.

La compassione non significa essere solo gentili e avere dei pensieri carini. Vera compassione è compassione radicale, che è gentilezza accoppiata alla ferocia. A volte ci vuole la gentilezza, a volte ci vuole la ferocia. Se coltiviamo solo buoni pensieri ed emozioni, allora ciò non consentirebbe la compassione benefica che può essere feroce. Se coltiviamo solo buoni pensieri ed emozioni, non ci sarebbe alcuna comprensione lucida sulle situazioni che sorgono e sui mezzi possibili e disponibili per far fronte alle situazioni.

Dentro di noi sono già presenti amore, chiarezza ed energia, che sono tutti sinonimi della nostra intelligenza aperta, e quando ci affidiamo pienamente all'intelligenza aperta, sorge naturalmente in noi un'enorme compassione. Attraversiamo un drammatico cambiamento in cui, invece di tutti i nostri dati su di noi, riferiti ad un sè personale, iniziamo a riconoscere che tutti hanno lo stesso genere di pensieri dolorosi che abbiamo noi.

La prossima volta che siete sopraffatti da stati afflittivi e forse immaginate quanto male possano fare e ogni sorta di scenari terribili, è sufficiente sapere che tutti, dappertutto, hanno sentito quel tipo di emozione a un certo punto della loro vita.

Qualunque sia la situazione difficile che potreste affrontare - che si tratti di un infarto, un cancro, uno stato fortemente depressivo o qualsiasi altro tipo di esperienza umana – condividete quella stessa esperienza con molte, molte altre persone. Non è un'esperienza peculiare a voi, non importa quanto personale possa sembrare.

LA PREZIOSA OPPORTUNITÀ DELLA VITA UMANA

L'energia dinamica della vasta distesa di intelligenza aperta riempie tutto completamente, e può essere descritta in molti modi diversi. Ma comunque sia, è *così* com'è. Non c'è nessun luogo da raggiungere, nulla da cui rifuggire, nulla di cui aver paura.

Quando guardate la natura, vedete che la natura è benefica senza sforzo. Non importa cosa succede, tutto si risolve naturalmente nello spazio. Anche se succedesse una cosa catastrofica – un meteorite colpisse il pianeta Terra o missili nucleari volassero avanti e indietro e la vita come noi la conosciamo fosse distrutta - la natura rimane naturalmente a proprio agio e ordinata a modo suo. Quando siamo a nostro agio nel nostro essere, abbiamo accesso a questo ordine naturale di ogni cosa e siamo in armonia con noi stessi e con la vita. Sappiamo cosa significa essere veramente umani. Essere un vero e proprio essere umano significa essere a proprio agio, proprio come la natura è a proprio agio.

La vita umana è una preziosa opportunità, e ci sono due opportunità che sono particolarmente preziose: essere di beneficio a se stessi ed essere di beneficio agli altri. Quando avvertite questa preziosa opportunità umana, volete naturalmente sapere come fare per essere di beneficio a voi stessi e agli altri.

Questo auto-beneficio e beneficio degli altri è già presente dentro di voi. Non è qualcosa che ricevete da qualche altra parte.

Poiché tutto è un'unica distesa non duale, da dove verrebbe? Entrare in contatto con tale beneficio è molto diretto, semplice e senza complicazioni; non è qualcosa per cui dovete lottare per decenni al fine di ottenerlo. Nello stesso modo in cui non avete bisogno di lottare per ottenere il colore dei vostri occhi, non avete bisogno di lottare per ottenere questo beneficio.

L'applicazione pratica del beneficio è disponibilità eccezionale, incapacità di frenare il flusso di amore in alcun modo. È il flusso della disponibilità completamente libera che vede attraverso ogni cosa e che non vede mai niente come altro da sé. Nel vedere attraverso ogni cosa, ogni cosa viene vista come uguale.

Quando vedete come vi siete ingannati per tutta la vita credendo a tutti i vostri dati, sviluppate compassione per voi stessi. Quando vedete a cosa vi siete sottoposti, avete istantaneamente compassione per tutti gli altri, perché sapete che tutti gli altri sono stati sulla stessa barca. Non siete più nella posizione di dire: "Oh, i miei flussi di dati sono completamente diversi dai vostri, e i miei sono più importanti".

Ognuno ha il desiderio di essere di beneficio, ma finché non lo scoprite voi stessi o qualcuno non vi mostra come portarlo pienamente in essere dentro di voi, passate la vostra vita a sognare solo sogni molto piccoli e ad accontentarvi di un semplice assaggio del vostro genio.

Con tutto quello che avete sempre sognato di essere o di fare, qualsiasi tipo di beneficio desiderate dare come contributo o qualsiasi altra cosa vogliate dare come contributo al mondo, con la sola pratica di affidarvi all'intelligenza aperta vedrete nuovi modi di essere benefici rispetto a qualsiasi cosa avevate mai sognato possibile. Avrete accesso a quella parte senza tempo di voi stessi che è più antica dell'antico. Vedrete un modo di toccare molte più persone di quante avreste mai pensato possibile.

PACE IN NOI, PACE INTORNO A NOI

CAPITOLO DICIOTTO

IL CAMBIAMENTO È POSSIBILE

Noi, come razza umana, non siamo stati in grado di andare d'accordo tra di noi. Beh, questo è qualcosa di così ovvio che potrebbe sembrare non necessario da affermare, ma dobbiamo sapere dove siamo allo scopo di arrivare dove stiamo andando. Se vogliamo sapere dove siamo, allora dobbiamo ammettere che non siamo stati in grado di andare d'accordo e che non abbiamo saputo come andare d'accordo. Prima di tutto, molti di noi non sono in grado di andare d'accordo con sé stessi, e poiché non riescono ad andare d'accordo con i propri dati, ciò rende impossibile entrare in empatia con gli altri in modo naturale e connettersi a loro.

È possibile che ci sia qualcosa che non sappiamo ancora, che ci faccia imparare ad andare d'accordo? Sì, c'è una cosa così! Si trova nel riconoscere la nostra perfezione naturale per brevi momenti, ripetuti molte volte, invece di perderci in tutti i nostri dati. È quel semplice cambiamento nell'uso della mente che è ugualmente accessibile a tutti, che ci permette di andare d'accordo con noi stessi, mentre attraversiamo le fasi della vita, e che ci permette di andare d'accordo con gli altri. Questa non è una forma passiva di andare d'accordo che si limita a "tu fai le tue cose e io faccio le mie", ma un modo di sentirsi realmente connessi ad ogni altro essere sulla faccia della Terra e al pianeta stesso.

Ciò che abbiamo bisogno di riconoscere prima di tutto è che l'unità e la pace sono importanti per noi e anche che il cambiamento è possibile. Se pensiamo: "Il cambiamento non potrà mai avvenire, basta guardare la situazione in cui siamo ora", allora ci demoralizzeremo. Ma se diciamo: "Il cambiamento è possibile, e inizia da me", allora all'improvviso il cambiamento diventa molto realizzabile.

Noi condividiamo questo pianeta Terra così come i bisogni umani fondamentali per acqua, cibo, vestiti e riparo. Abbiamo anche bisogno dell'assistenza sanitaria, dell'istruzione e del lavoro che ci permetteranno di contribuire con i nostri punti di forza, doni e talenti, e abbiamo bisogno di tempo per riposare, riflettere e giocare.

Noi, come razza umana, non abbiamo sviluppato abbastanza la volontà di condividere le risorse in parti uguali. Ora come ora, gli Stati Uniti e l'Europa consumano una percentuale enorme delle risorse del mondo, una percentuale enormemente squilibrata rispetto al resto del mondo. Attraverso la visione equilibrata dell'intelligenza aperta, sviluppiamo la volontà di condividere equamente tutte le risorse che sono a nostra disposizione.

Nella visione equilibrata c'è un senso naturale di cooperazione, un senso naturale di voler condividere equamente con gli altri e di voler fare in modo che si provveda e ci si prenda cura di ognuno. Si tratta di una sensibilità naturale che si guarda intorno e vede chi potrebbe aver bisogno di assistenza o chi potrebbe aver bisogno di qualcosa che non ha. La risposta naturale è quella di voler dare loro ciò di cui hanno bisogno.

Questa è un'altra parte della enorme energia dell'intelligenza aperta: abbraccia una naturale empatia, comprensione e compassione, e queste costituiscono la volontà di condividere in modo molto fondamentale ed equo.

VERA PACE MONDIALE

La pace nel mondo è possibile, ma è possibile solo in un modo: attraverso la pace interiore individuale. Non avverrà attraverso una fonte esterna; può avvenire solo nei singoli individui, e la semplice istruzione per metterla in atto è brevi momenti di pace, ripetuti molte volte, fino a quando i brevi momenti diventano continui.

Perché è questa l'istruzione? Perché molti di noi non hanno familiarità con la pace dentro di noi. Per la maggior parte di noi una forma di pace diventa evidente perché abbiamo coltivato una sorta di stato positivo, ma la pratica dei brevi momenti di pace non si basa su questo. Brevi momenti di pace si basano sul vedere che tutto ciò che appare riposa in pace, che si tratti di un'apparizione positiva, negativa o neutra. Questo è nettamente e radicalmente diverso dall'evitare, sostituire o indulgere le apparizioni o cercare di coltivare stati pacifici.

La pratica dei brevi momenti è qualcosa che è a disposizione di tutti allo stesso modo. Non richiede nessuna speculazione intellettuale o dogma. Si tratta solamente di ripetere quel breve momento di pace più e più volte. Non dobbiamo mantenere i brevi momenti di pace per sempre, perché i brevi momenti si allungano fino a quando il bisogno di prendere brevi momenti si dissolve completamente. A quel punto la natura pacifica che è sempre stata alla base di tutto diventa evidente.

Cercare di portare la pace nel mondo solo riformando le istituzioni esistenti non è la strada da percorrere. L'unico modo in cui possiamo veramente riformare l'umanità è attraverso persone che trovano la vera pace dentro di loro e dimostrano agli altri ciò che hanno trovato nella loro vita. In questo modo la pace può diffondersi rapidamente in tutto il mondo.

La guerra e molti altri modi in cui le persone si relazionano tra di loro si basano sull'aggressività, la competizione e l'umiliazione, e finché riteniamo che siano necessari questi tipi di approcci, lo saranno. Siamo finiti in un mondo di ideologie conflittuali, dove le nazioni guerreggiano l'una contro l'altra in nome del loro dio. Questo modo di essere non è naturale per gli esseri umani, e questo è il motivo per cui la gente si sente tesa e preoccupata, addirittura terrorizzata.

Quando facciamo pace con la guerra dentro di noi, allora possiamo vedere come questo possa essere possibile ovunque, ma non possiamo vedere come ciò possa essere possibile ovunque senza prima vederlo dentro di noi. Queste vanno assieme: la pace dentro di noi è uguale alla pace ovunque.

ZONA DI PACE

Gli esseri umani sono in grado di realizzare la pace essi stessi, ma non è una questione di aspettare che qualche figura di autorità faccia il lavoro per noi. *Noi* dobbiamo assumerci la responsabilità. Quanto siamo disposti a porre fine alla guerra in noi stessi? Quanto siamo disposti a dimorare nella parte pacifica di noi stessi che pervade ogni cosa? Quanto siamo disposti a riconoscere che abbiamo già una perfetta stabilità in noi stessi?

Quando cominciamo ad acquisire certezza nell'intelligenza aperta, ciò che stiamo facendo veramente è rendere noi stessi zona di pace. Quando si manifestano nel mondo comunità di persone che mantengono l'intelligenza aperta come loro base, esse creano zone di pace collettiva molto potenti all'interno della società umana. L'importanza di acquisire certezza nell'intelligenza aperta non può essere sopravvalutata, perché si crea una zona di pace, individuale o collettiva, libera da odio, arroganza, paura e invidia.

In qualche modo la società umana è diventata meno pacifica piuttosto che più pacifica. Il terrorismo, sia fisico che psicologico, è molto diffuso nella cultura umana, ed è diffuso perché è presente negli individui. Siamo tutti a conoscenza dei movimenti di odio che si stanno sviluppando in tutto il mondo, ma quello che dobbiamo vedere è che noi stessi abbiamo avuto ogni sorta di dati carichi di odio, di arroganza, di paura e di invidia. Non abbiamo saputo cosa fare con essi se non prendere delle contromisure coltivando delle caratteristiche buone. Coltivare gentilezza e bontà può essere di conforto in un modo o nell'altro, ma ciò non ha mai portato la società umana in una condizione completamente pacifica.

Possiamo sapere di intraprendere la più potente di tutte le azioni politiche, assicurandoci di essere degli esseri umani ottimali. Quando diventiamo zone di pace in noi stessi, diventiamo esseri umani ottimali, ed entriamo nella condizione ottimale di umanità. Quando ci facciamo avanti per diventare una zona di pace, stiamo intraprendendo un'azione politica molto, molto potente. Attraverso persone che si informano e si sostengono tra di loro abbiamo i mezzi per realizzare zone di pace dal basso in tutto il mondo. Se lo vogliamo, possiamo farlo, ma sta a ciascuno di noi individualmente.

È molto importante, per ciascuno di noi, prendere brevi momenti di pace, ripetuti molte volte, perché così facendo ci fortifichiamo come una zona di pace in cui l'odio, la paura, l'invidia e l'arroganza sono assenti. Si potrebbe chiamare una persona così un guerriero di saggezza! I guerrieri di saggezza creano zone di pace in se stessi e nel mondo.

È urgentemente importante fare tutto il possibile per creare zone di pace in tutti gli aspetti della vita. Datevi la più grande opportunità per l'equanimità nella vostra vita creando un ambiente in cui sia facile mantenere l'intelligenza aperta. Da lì vedrete che cosa vuol dire vivere in pace e felicemente.

Più coltivate la felicità dentro di voi, mantenendo l'intelligenza aperta, più naturalmente vi troverete circondati da altre persone che stanno facendo la stessa cosa. Formare comunità con altre persone che coltivano l'intelligenza aperta e sono libere da odio, arroganza, invidia e paura è un modo molto, molto potente di vivere.

RISOLUZIONE DELL'ODIO

Non tutti sono disposti a stabilizzarsi come zona di pace, ed è semplicemente così. È sufficiente lasciare che le persone siano come sono, e se vogliono venire e unirsi all'impegno per la pace, lo faranno, ma fino ad allora non c'è alcuna utilità nel tentativo di costringerli a farlo.

Se le persone sono arrabbiate con voi o addirittura vi odiano, fate quello che potete per fare la pace con loro. Se stanno agendo con durezza verso di voi, invitateli a essere in pace con voi nel modo più appropriato che potete trovare. La base migliore per la risoluzione di un conflitto è che ogni persona si assuma la responsabilità per la propria parte nella creazione del conflitto.

A volte, tuttavia, le persone sono piene di odio verso gli altri senza alcuna provocazione. In tal caso, la persona che inizia l'attacco è piena di sentimenti negativi, e quella è l'unica causa del conflitto. Voi potreste non aver avuto alcun ruolo nella creazione della situazione, ma potete provare ad aiutarli a confrontarsi con ciò che stanno facendo, e ciò viene fatto al meglio attraverso il vostro incrollabile esempio nel relazionarvi pacificamente. Con sempre più persone che diventano zone di pace e non promuovono l'odio rispondendo con odio, ci sarà sempre più forza per finire questo modo molto doloroso di vivere, in cui le persone si odiano e odiano gli altri.

Il motivo per cui odiamo gli altri è perché odiamo molte cose di noi stessi. È così semplice. Tuttavia, quando non ci odiamo più, non odieremo più gli altri. L'odio è molto radicato in ognuno di noi finché odiamo certi pensieri, emozioni o esperienze che abbiamo. Se odiamo o temiamo queste cose di noi stessi, le odiamo e temiamo automaticamente anche negli altri. Non riusciamo a sopportare quella sensazione di odio dentro di noi e non sappiamo come risolverla, quindi la proiettiamo verso l'esterno nei confronti del governo, del presidente, degli altri leader politici, delle altre razze o religioni o qualunque altra cosa.

Quando quelle cose che odiamo o temiamo di noi stessi appaiono e siamo tentati di affrontarle in qualche modo, attraverso una contromisura o evitandole, piuttosto che fare questo ci rilassiamo completamente, e l'emozione alla fine si risolverà. Nella risoluzione di tutti questi dati di odio e di paura troveremo un'esplosione di saggezza che non abbiamo mai visto prima. Questa è la saggezza della pace innata. Niente potrebbe essere più importante che educare gli esseri umani, attraverso questo mezzo, a diventare una zona di pace.

RELAZIONI NON CONFLITTUALI

Avere relazioni che sono senza conflitti è sicuramente qualcosa che vogliamo per noi stessi e per tutti gli altri. È veramente possibile che la società umana viva in questo modo. Tuttavia, dobbiamo prima vedere che è possibile essere non conflittuali dentro di noi e vedere che tutte le apparizioni appaiono in una distesa in cui non c'è conflitto.

Una volta che lo vediamo in noi stessi, diventiamo capaci di essere non conflittuali con gli altri. Vediamo che, qualunque siano le risposte di chiunque altro nella vita, tali risposte non devono più poter toccare i nostri tasti delicati. Qualunque cosa appaia è solo ciò che appare.

Ad esempio, potrebbe apparire la sensazione: "Oh, quella persona non mi capisce affatto, quindi perché dovrei perderci tempo?". Ma è davvero straziante trascorrere tutta la nostra vita cercando di essere capiti e rifiutando le persone perché pensiamo che non ci capiscano.

È importante vedere che queste storie che abbiamo adottato sono completamente inutili. Potremmo passare tutta la nostra vita cercando di essere capiti, di essere amati o di essere rispettati e guardati, ma questo è uno spazio molto piccolo in cui vivere.

Se si incontrano le persone che hanno compreso che la natura di tutte le loro esperienze è non-conflittuale, allora le loro relazioni saranno agevoli e aperte perché non c'è niente di mezzo. Non c'è un immergersi in flussi di dati personali o posizioni di bisogno e di aspettativa. C'è solo apertura completa, compassione e amore. In questo modo, l'enfasi nella vita non è più quella focalizzata su di sé, ma è quella a beneficio di tutti.

Il terreno non conflittuale di ogni cosa è già del tutto benefico, quindi più dimoriamo come ciò, più realizziamo che il terreno del nostro essere è benefico per natura. Non abbiamo bisogno di cercare di essere di beneficio. È già naturalmente così.

Vogliamo avere relazioni che siano non-conflittuali - non solo per un giorno o due di tanto in tanto - ma relazioni che per anni e anni siano completamente non-conflittuali e piene di amore, di chiarezza, di gioia e di felicità. Rendere questo evidente nel mondo inizia con ciascuno di noi.

LA PACE AL DI LÀ DI OGNI GUERRA

Quando troveremo dentro di noi la pace completa che finisce ogni guerra, sapremo come costruire una società umana che non ha guerra. Questo è l'unico modo; la fine della guerra non avverrà mai sul campo di battaglia o al tavolo negoziale. Dobbiamo sviluppare una prospettiva completamente nuova in questa materia.

Alcuni di noi vivono in Paesi in cui sono costretti a partecipare alla guerra, in qualche modo, perché il loro Paese è in guerra. Se vogliamo continuare ad essere un cittadino di quella nazione, potremmo dover prendere una decisione. Se scegliamo di non essere parte dello sforzo bellico di quella nazione, allora dovremo adottare misure straordinarie che ci portano davvero al di fuori del consueto ambito di scelte che la maggior parte delle persone nella nazione sta facendo.

Alcune persone vivono in nazioni dove non ci sono tali guerre palesi in corso, ma anche per loro le cose potrebbero cambiare in qualsiasi momento. Ci potrebbe essere una sorta di estrema agitazione politica o sociale, potrebbe verificarsi un attacco terroristico o la loro nazione potrebbe essere invasa da un'altra nazione. Non sappiamo che cosa succederà, e non possiamo contare su nessuna delle cose su cui pensiamo di poter contare. Non possiamo contare sul nostro governo, sulla nostra nazione o sullo stato attuale delle cose.

Dobbiamo essere guerrieri radicali dentro di noi, dobbiamo far sentire fortemente la nostra voce per la pace in un modo che sia chiaro. Dobbiamo smettere di fare affidamento su pie illusioni e schemi di fantasia che ci mettono in una sorta di stato idealizzato di pace. Dobbiamo comprendere che ciò che siamo, lo siamo adesso, e solo affidandoci a ciò che siamo in questo momento possiamo realizzare ciò che siamo veramente.

Questo è ciò che viene offerto in brevi momenti, molte volte. Non importa quale sia il problema che ci preoccupa o in cui siamo coinvolti, la soluzione più potente avverrà dalla certezza nell'intelligenza aperta.

LA NOSTRA INNATA NATURA PACIFICA

Per quanto noi, come razza umana, potessimo desiderare la pace nel mondo, la pace nel mondo è stata al di là della nostra portata. Invece, quello che abbiamo oggi sono nuove forme di guerra e nuovi modi di dominare e di esercitare il potere sugli altri, sia individualmente che collettivamente.

Vogliamo chiederci: "Come posso fare la differenza proprio qui, oggi, nella mia vita?". Possiamo fare la differenza connettendoci alla nostra già presente pace interiore. Ognuno di noi ha un contributo da dare: in ogni breve momento di pace che prendiamo, aggiungiamo un breve momento di pace al deposito di pace che appartiene a tutti nel mondo. In questo modo, piantiamo un seme di pace che crescerà e prospererà.

La pace si afferma, e quando viene riconosciuta come un potenziale naturale in ognuno di noi, allora diventa ovvia. Tuttavia, la pace nel mondo diventa ovvia solo negli individui; non diventa ovvia attraverso proclami sulla pace nel mondo, filosofie sulla pace nel mondo o dichiarazioni politiche sulla pace nel mondo. La pace nel mondo diventa ovvia solo nel comportamento umano individuale.

Quando ci affidiamo a brevi momenti di pace, ripetuti molte volte, abbiamo sempre più chiarezza nei nostri pensieri e stabilità mentale ed emotiva, piuttosto che paura e confusione. Grande comprensione nella nostra natura già pacifica, così come compassione, empatia e solidarietà sono naturalmente presenti in ogni breve momento di pace. Siamo introdotti alla nostra innata abilità di sapere cosa fare e come agire in ogni sorta di situazioni e circostanze. Dove sono tutte queste meravigliose qualità e caratteristiche? Esse sono nella nostra natura già pacifica, e non altrove. Se non lo sappiamo ancora, abbiamo bisogno di utilizzare il know-how pratico che è a nostra disposizione in brevi momenti, ripetuti molte volte.

Una volta che identifichiamo la nostra natura pacifica, essa ci sostiene in ogni circostanza. La nostra natura pacifica è ciò su cui possiamo contare, non importa cosa accada. Potremmo sperimentare malattia, morte, uragani, terremoti o guerre; noi non sappiamo quando si verificherà la prossima sfida. Se il nostro benessere dipende dal non volere che si verifichi una di queste cose, poi quando si verificano nella nostra vita, crediamo di aver perso il nostro benessere.

Ciò su cui dobbiamo davvero contare è il benessere che è innato in noi. La nostra innata natura pacifica - immutabile e imperturbabile – sta sempre bene, non importa cosa accada. Con la forza della nostra natura pacifica avremo la guida di ogni singolo momento, in ogni giorno della nostra vita, e avremo la guida al momento della morte che solo la nostra natura pacifica può offrire.

EQUANIMITÀ IMPERTURBABILE

Molti di noi hanno l'idea che la guerra e la pace siano opposte, ma la guerra non è mai uscita dalla pace per diventare qualcosa di diverso dalla pace. Abbiamo creduto che gli stati negativi o le circostanze negative come la guerra si sono in qualche modo separati dalla pace e dal benessere, e pensiamo che gli stati negativi combattano in un luogo contro il benessere che è in un altro luogo. Ma gli stati negativi in effetti sono inseparabili dal benessere.

In brevi momenti arriviamo a vedere che i dati, siano essi positivi o negativi, scorrono dalla nostra natura pacifica. Non escono mai dalla nostra natura pacifica, e non sono niente altro che la nostra natura pacifica. È estremamente importante riconoscerlo. Il flusso dei dati è per la nostra natura pacifica come lo spazio è per lo spazio. Così come nessuna parte dello spazio è differente da un'altra parte dello spazio, il flusso dei dati e la nostra natura pacifica non sono due cose diverse. I nostri stati negativi e le nostre sensazioni di inutilità, la depressione, i giorni più cupi – o la nostra gioia assoluta, i più grandi successi e il completo benessere - provengono tutti dalla stessa essenza. Non c'è nessun posto in cui andare! Il solo benessere che mai ci sarà è proprio qui, proprio ora.

State tranquilli, rimanete semplici, rilassatevi e sappiate che attingendo alla vostra natura pacifica prenderete posizione a favore della pace nel mondo in modo dimostrabile, garantendo quantomeno la vostra pace, e non c'è maggiore ricchezza nella vita della vostra pace.

L'equanimità imperturbabile della nostra natura pacifica è impregnata con l'intelligenza più potente, le più potenti abilità diplomatiche e i più potenti mezzi abili per prendersi cura di ogni tipo di situazione. Ci potrebbero essere ansia intensa, panico intenso, dolore fisico intenso, ma ciò non sarà mai separato dalla pace totale e completa. Questo è ciò che scopriamo di noi stessi.

SII IL CAMBIAMENTO CHE VUOI VEDERE NEL MONDO

CAPITOLO DICIANNOVE

VERO CAMBIAMENTO DAL DI DENTRO

Da dove viene il vero cambiamento? Viene da partiti politici o da governi? No, i partiti politici e i governi sono solo astrazioni. Per quanto sia potente un leader politico, lui o lei è incapace di dare la pace interiore alla gente che governa. Il vero cambiamento viene dalle singole persone. Dobbiamo guardare dentro di noi e dire: "Qual è il cambiamento necessario in me che porterà quel tipo di cambiamenti che voglio vedere nel mondo?".

Il cambiamento necessario è quel semplice cambiamento che ognuno di noi ha il potere di fare: la scelta di riconoscere l'intelligenza aperta in ogni momento oppure no. Il vero cambiamento si trova nell'intelligenza aperta. Dedicandoci a brevi momenti di intelligenza aperta ripetuti molte volte, attingiamo alla nostra natura pacifica innata e alla perfezione naturale.

Non avremo mai pace dentro di noi attraverso la riorganizzazione di circostanze esterne. Piuttosto che guardare alle organizzazioni per portare la pace nel mondo, dobbiamo creare una zona di pace in noi stessi. La pace nel mondo non potrà mai avvenire attraverso codici legali o trattati internazionali. Deve avvenire trovando la pace interiore.

Molti di noi si accontentano dello status quo, e non vedono alcuna possibilità di qualcosa di diverso da ciò. Dobbiamo realizzare che abbiamo la perfezione già presente in noi stessi, ma non è una destinazione da raggiungere, e non è da qualche parte nel futuro. È presente in ogni pensiero, emozione, sensazione ed esperienza che abbiamo.

Dobbiamo chiederci: "Sono disposto a essere un eroe?". Dobbiamo trovare ciò che è eroico in noi e rivendicarlo per noi stessi. È molto importante sapere che possiamo, oserei dire, salvare il mondo. Sta a tutti noi farlo insieme. Ciò di cui abbiamo veramente bisogno è l'audacia della perfezione, la perfezione che è pace completa, chiarezza, compassione e spontaneità etica che è già presente in noi in ogni momento. Dobbiamo vedere che la pace nel mondo è proprio qui in noi.

Se quella pace interiore innata non viene riconosciuta, allora anche se ci fosse il completo disarmo nucleare, tutti gli eserciti fossero sciolti e potesse essere creata una vita esuberante per ogni singola persona sulla terra, la pace individuale non sarebbe assicurata. Alle persone che hanno sovrabbondanza nella loro vita e tutto ciò di cui hanno bisogno, ha tutto ciò assicurato loro la pace interiore?

Grazie al potere dell'intelligenza aperta, che è alla base di ogni singola percezione, ci radichiamo nella pace perfetta e nella spontaneità di ogni momento. Ritornandoci ripetutamente, quella diventa la base delle nostre azioni nel mondo. In questo modo le nostre azioni si fondano su etica naturale, profonde intuizioni, stabilità mentale ed emotiva, chiarezza, abilità e incisività laser, e sul potere di soddisfare l'intento creativo in tutte le situazioni.

L'AMBIENTE PERFETTO È IN VOI

Ci sono tantissime grandi idee nel mondo che sono molto convincenti, ma se quelle grandi idee provengono solo dalle stanche convenzioni del passato, allora continuare con esse sarà solo come correre su una ruota del criceto che insegue un'esperienza dopo l'altra. Ci sono molti modi per porsi di fronte ai numerosi problemi ambientali che dobbiamo affrontare nel mondo di oggi, ma l'unico modo in cui questi problemi saranno mai risolti sarà trovando l'ambiente perfetto che è già in voi. Se siete interessati all'azione ambientale, quello è l'ambiente migliore in cui agire.

Se volete veramente essere un avvocato e un esempio di idealismo per l'ambiente o per qualsiasi altra questione, allora è bene trovare il tipo di idealismo ultimo che è libero da qualsiasi interpretazione specifica di idealismo. È bene trovare qualcosa di così libero che è persino libero dal focus su di sé e da tutte le grandi idee sul sé. Non commettete errori su questo; trovare quella libertà è la principale azione da intraprendere. Questo è ciò che significa essere davvero radicali.

Se siete giovani, probabilmente avrete una lunga vita davanti a voi, ed è bene che vi radichiate adesso in ciò che è reale, piuttosto che aspettare fino a quando sarete vecchi e grigi e troppo stanchi per esserne ancora interessati. Ma anche se siete anziani, questo è il momento perfetto per radicarvi nella vostra perfezione naturale e nella vostra innata stabilità mentale ed emotiva. Se vi radicate in ciò che è reale, potrete avere una gioiosa vita felice lungo tutta la strada, non importa cosa succede.

Dovete vedere nella vostra esperienza che tutto è perfettamente unificato, e solo allora potrete portare un reale cambiamento nel mondo. Se siete interessati all'educazione, alla politica, all'ambiente, alla sanità, alla scienza, alla tecnologia o a qualsiasi altro campo di indagine, la più grande offerta che potrete mai fare al mondo in cui vivete è la realizzazione della perfezione naturale nella vostra esperienza.

Perché non cominciate da lì e vedete dove vi porta? Il vero cambiamento non è una questione di modellare il cambiamento radicale, che è così necessario oggi, su vecchi, stanchi ideali che hanno fallito. Il vero cambiamento verrà dal riposare nella completa non-attività di ogni singolo momento. Quella "non-attività" è ciò che vi darà un'enorme energia e comprensione per portare un cambiamento radicale nel mondo.

L'INCREDIBILE POTERE DI ESSERE DI SERVIZIO

Recentemente c'è stato un articolo di giornale su di una giovane ragazza che aveva crisi epilettiche ed era stata verbalmente abusata, per questo motivo, da altri studenti, in diverse scuole che aveva frequentato. Questi studenti erano stati orribilmente crudeli con lei, l'avevano chiamata con nomi terribili e avevano anche creato un sito web pieno di odio verso di lei. Era stata perseguitata da ciascuna delle scuole, e nessuno era venuto in suo aiuto.

Il caso volle che due ragazze adolescenti sentirono parlare di questa situazione e furono toccate dalle difficoltà di questa giovane ragazza. Da sole realizzarono una campagna che portò molte persone a scrivere alla ragazza lettere di sostegno. Queste due ragazze hanno dimostrato con il loro esempio, che c'è un modo per non essere governati da passività e indifferenza e sostenere qualcuno per aiutarlo davvero.

Questo è il tipo di sforzo che si vorrebbe vedere quando l'ingiustizia viene alla luce. Se, d'altra parte, abbiamo l'atteggiamento: "Io non voglio impegnarmi e dire qualcosa, perché non voglio essere coinvolto, altrimenti potrei trovarmi nei guai o essere criticato", ci rannicchiamo in un angolo di fronte all'ingiustizia.

Tutte queste cose che vengono messe in atto nel mondo sono questioni irrisolte che avvengono dentro di noi. Se ci tiriamo indietro, come se niente stesse accadendo e ci rifiutiamo di agire, allora permetteremo alla negatività pervasiva, che vediamo intorno a noi, di continuare a crescere.

Dobbiamo essere disposti a dire: "Non prenderò la strada della massa, non importa quante persone vadano per quella strada". Dobbiamo essere disposti ad andar via dalla negatività, dalla passività e dall'indifferenza, e ciò avviene quando non siamo più dominati dai dati che appaiono. Quando acquisiamo certezza nell'intelligenza aperta, otteniamo un potere incredibile di essere di servizio al mondo in un modo inimmaginabile, perché non siamo più governati dagli schemi convenzionali dei punti di vista.

UN RISULTATO SUPREMO E SUBLIME

La vera svolta politica verrà dal basso nei paesi di tutto il mondo, e ciò diventerà sempre più evidente nelle generazioni a venire. L'idea di nazioni divise distinte l'una dall'altra è superata, e l'idea di una nazione o di poche nazioni che dominano tutte le altre è completamente superata. Questo svanirà nell'ondata mondiale di unità e di servizio che sta arrivando, ma questa unità e questo servizio potrà venire solo da individui appassionati dal trovare la pace dentro di sé e dal sostenere nient'altro che la pace.

Trovare la pace interiore dentro di voi è un'azione politica radicale e rivoluzionaria. La più grande rivoluzione è nel rivendicare la pace personale per voi stessi e non mollare fino a quando non la trovate. Il vostro imperituro impegno a quella pace, beneficia automaticamente tutti gli altri. Non è necessario architettare l'azione di essere di beneficio a tutti; siete di beneficio a tutti trovando la pace dentro di voi, e non c'è nulla di più potente di un esempio personale sincero. Non è necessario lanciare grandi progetti per essere di beneficio a tutti. Se non dovesse venir fuori nient'altro dalla vostra vita che questa straordinaria pace interiore, ciò in sé sarà un risultato supremo e sublime.

UNA GRANDE ASPIRAZIONE

C'è una pandemia di instabilità emotiva e mentale nel mondo che ha portato a un'estrema discordia tra i popoli, che si tratti di discordia che sperimentiamo in noi stessi o discordia tra le nazioni. Il modo più benefico di affrontare questa instabilità è quello di identificarsi con lo stato di base dell'intelligenza aperta per brevi momenti, ripetuti molte volte. Attraverso questa semplice pratica attingiamo alla nostra intelligenza fondamentale, che è naturalmente di beneficio per tutti.

A un certo punto dobbiamo lasciare andare l'attenzione sulle preoccupazioni personali, come il lavoro, la proprietà, l'intrattenimento e le relazioni intime. Riconoscendo e contando sull'intelligenza aperta, queste cose non sono più viste come la via per il benessere. Quando una persona è libera dalle limitanti identificazioni individuali che vengono dal focus su di sé, si apre un mondo nuovo.

Se avete grandi aspirazioni nella vita, il potere di conseguire tali aspirazioni verrà dall'introdurre voi stessi a voi stessi. È bene radicarvi in ciò che siete veramente prima di entrare nel vortice di realizzare le vostre ambizioni personali. Non avrete una chiara idea di come fare ciò che volete fare fino a quando non vi radicherete nel vero terreno, che è la vostra natura pacifica.

Acquisendo piena fiducia nella vostra perfezione naturale, sarete in grado di agire con grande forza e comprensione. Se avete l'aspirazione di fare qualcosa di benefico per il mondo, dovete rafforzarvi con forza vera. Se avrete quella forza vera, sarete in grado di sopportare tutto ciò che vi capiterà, alti e bassi. Se non vi radicate, allora le cose meravigliose che le persone vi diranno vi impressioneranno, e le cose devastanti vi sconvolgeranno. Non vogliate essere influenzati da lodi o turbati da critiche; vogliate seguire un corso costante verso la realizzazione delle vostre aspirazioni più alte.

Lucidità, fermezza, profonda comprensione, completa stabilità mentale ed emotiva, sapere cosa fare e come agire in ogni situazione, questo è ciò che volete come base per qualsiasi tipo di aspirazione abbiate di essere di beneficio al mondo.

LE MIGLIORI QUALITÀ DI LEADERSHIP

Quando siamo consapevoli dei nostri punti di forza, doni e talenti e di come possiamo offrirli, allora possiamo anche vedere i doni, punti di forza e talenti degli altri e sostenerli ad esprimere quei talenti. Possiamo sostenerli, se desiderano quel sostegno, nel prendere la leadership di quei doni dentro di loro.

Quando troviamo dentro di noi completa stabilità mentale ed emotiva, comprensione, compassione, mezzi abili e il potere di compiere l'intento creativo, allora sappiamo cosa cercare in un leader. Siamo in grado di vedere la differenza tra un impostore e un eroe autentico. Abbiamo bisogno di sapere che cosa cerchiamo prima di poterlo avere. Dovremmo accettare solo leader con completa stabilità mentale ed emotiva, profonda comprensione, compassione, mezzi abili dimostrabili e capacità di realizzare quello che sarà di beneficio a tutti. Gli eroi e i leader di cui abbiamo bisogno sono quelli che hanno queste qualità e caratteristiche, e dovremmo essere fermi nell'accettare solo queste qualità nei nostri leader. Il coraggio deve essere presente, e questo coraggio non è qualcosa che può essere coltivato.

I leader di cui abbiamo bisogno per il nostro mondo in difficoltà devono essi stessi avere la pace interiore, e devono assolutamente sostenere solo questa. Devono essere in una posizione di tale pace e raggiungimento della perfezione in se stessi che le loro motivazioni sono indiscutibilmente sincere e autentiche.

Vogliamo leader che ci conoscono! Certo, con questo non voglio dire che ci conoscano personalmente; piuttosto, poiché si conoscono così completamente, conoscono la condizione umana, e attraverso ciò sono in grado di conoscere davvero gli altri. Un leader con questo dono può influenzare molte, molte persone in un modo che un leader che non ha questa conoscenza di sé o che è interessato solo al potere personale non può.

L'intelligenza aperta è la base dell'auto-leadership, e l'auto-leadership si trova nell'intelligenza aperta. Queste due sono inseparabili come il colore blu è inseparabile dal cielo. Grazie alla forza del riconoscimento dell'intelligenza aperta e affidandoci ad essa per brevi momenti, molte volte, finché continua, realizziamo di essere i leader che stavamo cercando.

IL MODO MIGLIORE DI RISOLVERE I PROBLEMI

Ci sono molti, molti problemi nel mondo, e l'umanità è in uno stato molto spaventoso. Anche se abbiamo compiuto cose incredibili in termini di scienza e tecnologia, quando si considera il nostro benessere e la nostra capacità di avere una completa stabilità mentale ed emotiva, sappiamo relativamente poco. Stiamo solo iniziando a capire come queste qualità possano avvenire in noi stessi.

Senza stabilità completa, è molto difficile affrontare i nostri problemi in modo abile. A meno che non abbiamo perspicacia, chiarezza e lucidità dentro di noi, non c'è modo di poter trovare ampie soluzioni ai problemi che stiamo affrontando.

Quando le persone si uniscono ad altre persone per formare organizzazioni e cercare di risolvere i problemi, è molto difficile unirsi e trovare soluzioni se non si sentono a proprio agio con se stesse. Il modo migliore per risolvere i problemi è quello di acquisire certezza nell'intelligenza aperta, guardare ai problemi in modo chiaro e poi iniziare a risolverli. Se le persone nell'organizzazione si perdono in tutti i loro dati, possono essere incredibilmente brillanti, ma cercheranno di proseguire nel loro lavoro senza avere pieno agio e intelligenza aperta dentro di sé.

Queste persone brillanti si uniscono in una organizzazione, ma non sono chiare in se stesse, e di conseguenza le soluzioni che propongono rifletteranno quella mancanza di intelligenza aperta.

Per quanto possano essere brillanti i flussi di dati, le soluzioni non saranno mai definitivamente conclusive perché verranno solo dai limiti della conoscenza reificata. Esse non verranno dalla nostra intelligenza naturale che è al di là dell'apprendimento e che pulsa con saggezza, compassione e chiarezza assoluta. Dobbiamo decidere cosa vogliamo come società umana. Dipende da ciascuno di noi: che cosa vogliamo in definitiva?

È importante riconoscere prima l'intelligenza aperta dentro di noi, poi saremo pronti ad affrontare il mondo. Saremo in grado di impegnarci in azioni che sono come il laser, brillanti, incisive e molto, molto chiare; saremo in grado di agire in modo che attiri molto abilmente davvero tante persone. Saremo in una posizione unica, perché saremo liberi dai nostri dati e liberi dai dati di tutti gli altri intorno a noi. Da quel luogo di forza totale, siamo eccezionalmente abili, perché possiamo essere in qualsiasi organizzazione al mondo senza essere coinvolti in conflitti personali.

IL POTERE ALLA GENTE

Una delle cose che ho notato quando ero politicamente attiva negli anni '60 è che, anche se la motivazione presunta era la pace e l'amore e il potere alla gente, le persone che parlavano di questi ideali non erano in pace e non amavano se stesse. Finché non riusciremo a trovare un modo per essere noi stessi in pace, non ci sarà mai nessun vero potere alla gente. La vera pace e il vero amore devono essere basati sulla capacità di ogni individuo di manifestare la pace e l'amore in se stesso o se stessa; la vera pace e il vero amore non verranno semplicemente chiedendolo alla società.

Ho imparato molto in quel tempo guardando me stessa e i miei compagni nel movimento per la pace. Sono presto diventata disillusa con tutto il movimento, perché la pace che veniva sostenuta non era presente nelle persone con cui lavoravo, né era presente in me. Infatti non ho mai incontrato una sola persona in cui fosse presente. Anche se l'ideale dietro il movimento era fantastico, per la maggior parte c'era solo tanta retorica e linguaggio infiammato.

Non ho mai rinunciato all'idealismo che avevo allora, ma invece di focalizzarmi sul tentativo di ottenere un cambiamento da aziende, organizzazioni e governi, iniziai a focalizzarmi su quello che potevo fare per portare un cambiamento sostanziale in me stessa e negli altri. Vidi che c'era un modo in cui la gente di tutto il mondo poteva essere pacifica e amorevole, e questo era quello che volevo.

Se guardiamo a un termine come "potere alla gente", ciò che questo significa veramente è che noi, come persone, troviamo la nostra fonte di enorme potere ed energia per essere profondamente perspicaci e abili in ogni situazione. Significa che sfruttiamo il potere e l'energia della nostra intelligenza naturale e lo utilizziamo a beneficio di tutti. Questo è l'unico modo in cui potremo mai avere aziende, organizzazioni e governi perfettamente equilibrati.

Se vogliamo che le nostre organizzazioni siano organizzazioni a beneficio di tutti, allora le persone in quelle organizzazioni devono avere una visione equilibrata. Grazie al potere dell'intelligenza aperta, che è la radice di tutte le percezioni, troviamo il potere che è il potere alla gente.

La gente del mondo ha il potere di unificare il mondo, e quel potere riposa nell'acquisire certezza nell'intelligenza aperta. Quando ci affidiamo a ciò e ci identifichiamo con l'intelligenza aperta come base della nostra identità - piuttosto che identificarci con il nostro pensare ordinario - allora attingiamo a un potere incredibile all'interno di ogni essere umano che ha veramente il potere di unificare il mondo.

RISORSE DI BALANCED VIEW

Ci sono molte risorse disponibili a chiunque sia interessato a saperne di più sul training di Balanced View. Le principali fonti di informazione si trovano sul sito web www.balancedview.org. Lì sono postati numerosi discorsi pubblici, video e libri, nonché un forum dove persone di tutto il mondo condividono la loro esperienza di affidarsi all'intelligenza aperta nella vita quotidiana. Tutti i discorsi video e audio offerti sono gratuiti e possono essere facilmente scaricati in formato mp4 e mp3.

Sul sito web c'è anche il programma dei training nel mondo offerti dai trainer di Balanced View. Le possibilità spaziano da training dal vivo a incontri pubblici aperti, a training e incontri offerti on-line tramite tele-conferenza.

I Quattro Supporti di Balanced View sostengono chiunque sia interessato ad acquisire certezza nell'intelligenza aperta. Quando la fiducia viene ispirata dai Quattro Supporti - 1) brevi momenti di intelligenza aperta, 2) il trainer, 3) il training, e 4) la comunità globale – vi è un crescente riconoscimento istintivo dell'intelligenza aperta fino a quando essa è evidente in ogni momento. Allora non c'è più la possibilità di essere ingannati dalle apparizioni, né durante la vita, né durante la morte.

Per i partecipanti che desiderano dare un contributo a Balanced View, le donazioni sono ben accette. Comunque e in ogni caso, tutti sono benvenuti, indipendentemente dalla loro capacità di contribuire.

www.ingramcontent.com/pod-product-compliance
Lightning Source LLC
Chambersburg PA
CBHW052035090426
42739CB00010B/1913

9780988665958